디지털 미래 혁명

블록체인

초보자를 위한 실전 입문서

이 책을 쓰는 데 도움을 주신 차충열 목사님,
김복희 목사님께 감사드립니다.

디지털 미래 혁명

블록체인

초보자를 위한 실전 입문서

이재성 지음

또 하나의 혁명,
블록체인 시대를 살아가며

낯선 세계와의 조우는 인간을 진화시킵니다. 우리는 왜 새로운 기술 앞에서 호기심과 두려움이라는 양면적인 감정을 동시에 느끼는 것일까요? 뇌과학자들에 따르면 인간의 뇌는 생존 본능상 익숙하지 않은 변화를 거부하지만, 동시에 그 두려움을 이겨내고 미지의 세계로 나아갈 때 비로소 진화한다고 합니다. 블록체인 역시 마찬가지입니다. 기존의 중앙 집중적 질서에 익숙한 우리에게 탈중앙화와 신뢰의 분산이라는 개념은 본능적인 불편함을 줄 수 있습니다. 하지만 철학자 하이데거가 '낯선 것과의 조우를 통해 이성이 시작된다'고 말했듯, 우리는 이 불편함을 통해 비로소 존재의 의미를 확장하고 다음 단계로 진화할 기회를 얻게 됩니다.

역사는 30년을 주기로 거대한 변곡점을 맞이해왔습니다. 한 세대 전인 1990년대, 우리는 '인터넷'이라는 신세계를 만났습니다. 당시만 해도 도서관 대신 검색창을 이용하고 종이 지도 대신 웹사이트를 보는 풍경은 낯설고 불안정한 기술로 치부되었습니다. 그러나 인터넷은 정보의 비대칭을 허물며 '정보의 민주화'를 이끌어냈고, 우리 삶의 패러다임을 완전히 바꾸어놓았습니다. 그로부터 30년이 흐른 2020년대, 우리는 이제 모든 사물과 인간이 24시간 연결되는 '초연결 스마트 시대'를 살고 있습니다. 우리가 살고 있는 바로 지금 이 시대를 스마트 시대라고 명명한 것은 모든 첨단 장비 앞에 '스마트'라는 개념을 접두어처럼 사용하기 때문입니다. 스마트폰은 물론이고 스마트홈, 스마트케어, 스마트시티, 스마트팩토리 등 모든 영역에서 스마트란 용어와 개념은 일상화되었습니다.

통신망을 활용한 인터넷 시대와 현재 스마트 시대가 크게 차이가 없어 보인다고 말하는 이들도 있지만, 그것은 일부만 아는 것에 불과합니다. 즉 과거 시대는 유선을 기반으로 온라인에 접속해야만 소통할 수 있는 시대였습니다. 그러나 현재는 '항상 연결된 시대(Always Connected Era)'로서 우리가 잠들어 있는 그 순간에도 24시간 네트워킹된 시스템과 함께 웨어러블 디바이스와 사물인터넷(IoT)으로 연결되고 있습니다. 인간뿐만 아니라 사물과 공간이 '항상 연결된 시대'가 바로 2020년대인 셈입니다. 이와 같이 인공지능(AI)이 일상의 도구가 된 지금, 우리는 인터넷이 가져온 연결을 넘어 그 연결의 '질서'를 재구성해야 하는 시점에 도달했습니다.

그렇다면 왜 지금 다시 블록체인이 미래의 혁명으로 주목받는 것일까요? 우리가 누리는 현재의 편리함 뒤에는 '중앙화된 권위'라는 그림자가 숨어 있습니다. 은행, 정부, 거대 플랫폼 기업에 모든 데이터와 신뢰를 맡기는 방식은 시스템 한 곳만 무너져도 전체가 마비되는 단일 실패점(SPOF: Single Point of Failure)의 위험을 안고 있습니다. 또한, 우리는 막대한 중개 수수료와 불투명한 데이터 이용이라는 대가를 치르고 있습니다. 블록체인은 바로 이 지점에서 혁신적인 대안을 제시합니다. 특정 기관의 권위가 아닌 '코드와 알고리즘'으로 신뢰를 프로그래밍하여, 누구도 임의로 수정할 수 없는 투명하고 안전한 분산원장 시스템을 구축하는 것입니다.

블록체인의 핵심은 바로 이 코드와 알고리즘으로 신뢰를 프로그래밍한다는 점입니다. 사람의 판단이나 권위가 아닌 '코드와 알고리즘'이 신뢰를 형성하고 구조화합니다. 블록체인에 참여하는 모든 거래자가 분산된 장부를 공유할 수 있고, 이 기록은 그 누구도 단독으로 변경이 불가능합니다. 즉 참여한 모든 사람이 모두 같은 정보를 신뢰하고 공유할 수 있는 것이 바로 블록체인입니다. 또한 투명성과 불변성, 그리고 탈중화라는 방식을 통해 더욱 안전한 신뢰를 구축합니다. 이는 비단 디지털 산업 분야에서만 적용되지 않고, 정치, 경제, 사회, 문화 등을 비롯하여 우리 일상생활 전반에 영향을 미치는 거대한 혁명이라고 볼 수 있습니다.

블록체인이 가져올 변화는 이미 우리 곁에서 현실이 되고 있습니다. 비트코인을 통해 증명된 금융의 자율성은 탈중앙화 금융(DeFi)

으로 진화하여 전 세계 누구나 차별 없이 경제 활동에 참여하게 돕고 있습니다. 또한 대체 불가능 토큰(NFT)은 디지털 콘텐츠의 온전한 소유권을 창작자에게 돌려주었으며, 탈중앙화 자율조직(DAO)은 리더 없는 투명한 의사결정이라는 새로운 거버넌스의 가능성을 보여주었습니다. 이는 단순한 기술적 진보를 넘어 정치, 경제, 사회 전반의 체질을 바꾸는 거대한 사회적 혁명입니다.

이 책은 블록체인이라는 낯선 문 앞에 선 여러분을 위한 친절한 안내서입니다. 지난 2023년 토큰증권(STO)에 관한 연구서를 출판한 이후, '블록체인이 실질적으로 우리 삶을 어떻게 바꾸는가'라는 질문에 답하기 위해 이 글을 쓰기 시작했습니다. 복잡한 이론보다는 디지털 변화의 맥락을 짚어줌으로써, 청소년부터 일반 독자까지 누구나 쉽게 블록체인의 본질을 이해하도록 돕고자 했습니다. 미래의 주인은 변화를 두려워하는 사람이 아니라 그 변화의 흐름을 먼저 읽고 올라타는 사람입니다. 이제 이 책을 통해 블록체인이라는 미래의 문을 여는 열쇠를 손에 쥐시길 바랍니다. 새로운 세계로의 항해는 바로 지금부터 시작됩니다.

2026년 1월

이 재 성

목차

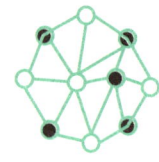

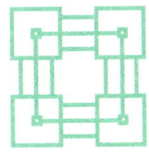

3부 실생활 속 블록체인 활용 사례

4부 미래 전략과 나의 블록체인 여정

부록

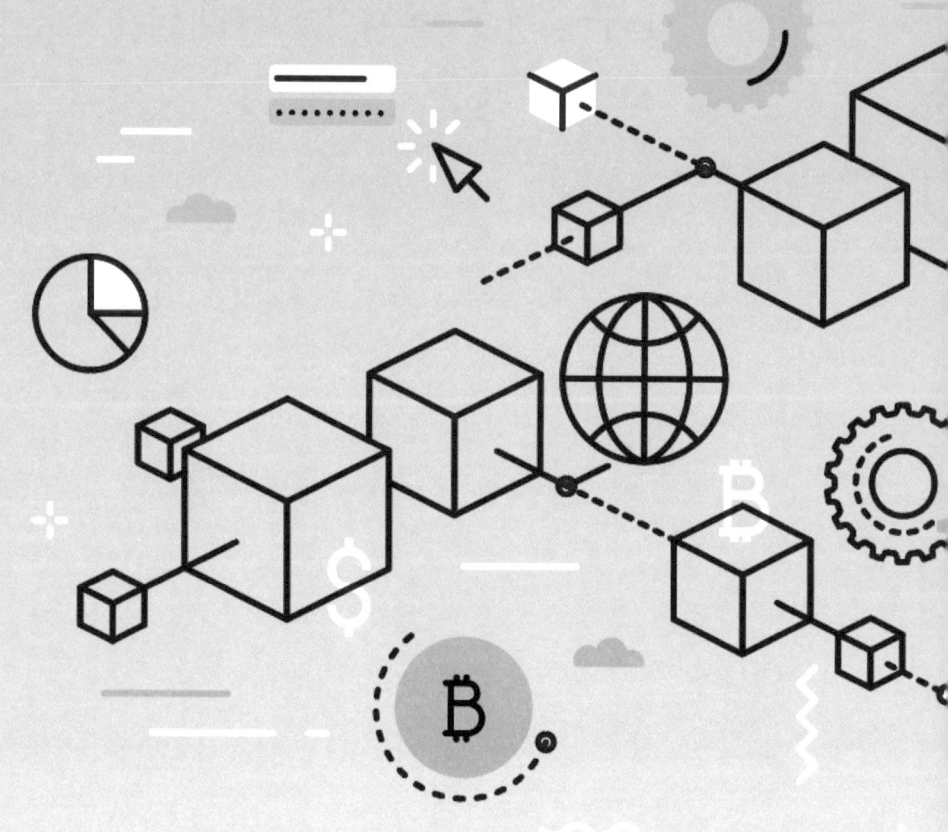

1부

블록체인, 디지털 미래 혁명의 시작점

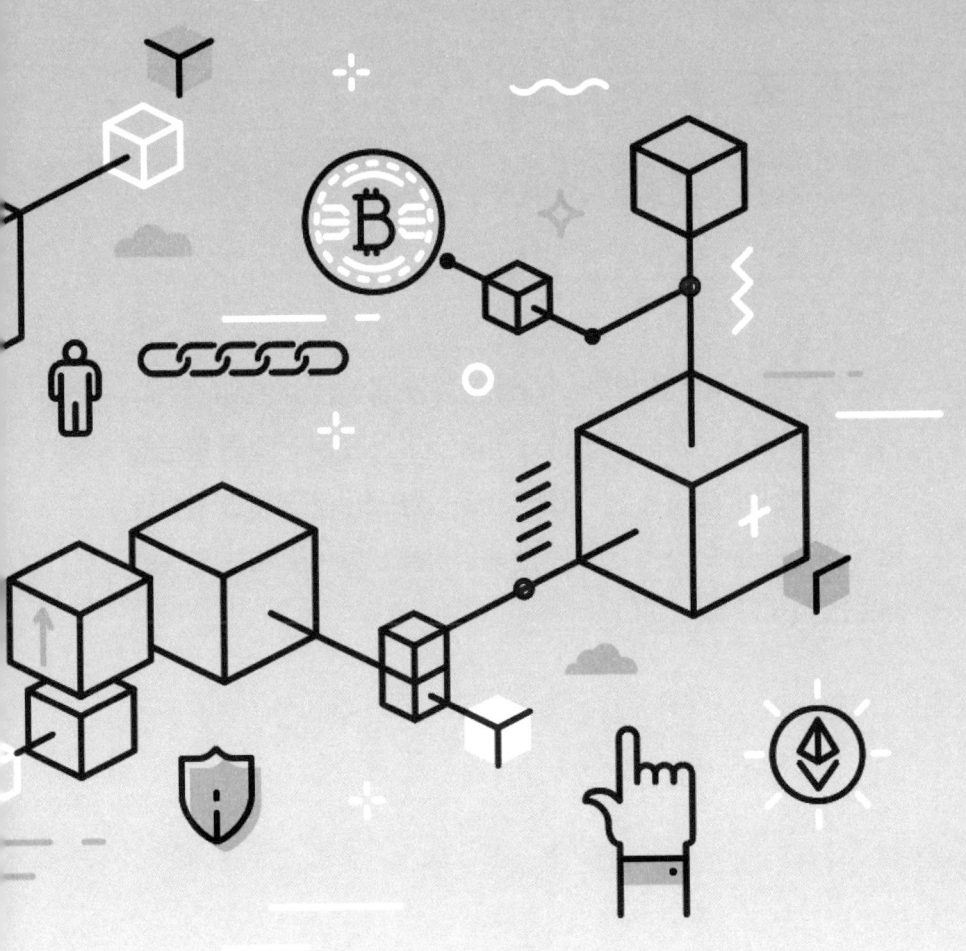

01

종이돈(紙幣)에서
디지털 자산까지 변화의 흐름

블록체인은 신기술을 넘어 거래와 신뢰의 방식을 재설계하는 혁명적 인프라다. 현재는 물론이고 미래의 거의 모든 산업을 혁신할 혁명에 가깝다. 이것은 현재와는 전혀 다른 새로운 거래와 신뢰의 방식이다. 또한 이것은 운영자 간 투명성을 바탕으로 하는 인류의 새로운 미래가 될 것이다.

돈보다 강한 힘, 신뢰의 본질

현대 사회, 즉 21세기의 경제를 움직이는 핵심은 '돈'이 아니라 '신뢰'다. 우리가 사용하는 돈의 가치는 그것을 발행한 주체를 신뢰하기 때문에 발생한다. 블록체인에 대한 설명에 앞서 화폐의 주요 기능과 역사를 살펴보면 좀더 쉽게 신뢰의 중요성을 인식할 수 있다.

경제 활동과 생존 수단에 필수라고 볼 수 있는 화폐의 주요 기능은 무엇일까? 화폐의 핵심 기능은 ① 상품이나 서비스 등을 거래하는 교환 수단 ② 각각의 상품이 지닌 값이나 가치를 화폐 단위로 측정 규정한 가치척도 수단 ③ 현재 가치가 미래에도 사용될 수 있도록 하는 가치저장 수단 ④ 세금 납부나 급여 지급 등 거래를 종결하는 최종 결제 방법으로서의 지급 수단 등으로 분류할 수 있다. 이런 점을 참고하여 신뢰를 바탕으로 진화한 화폐의 역사를 간단하게 알아볼 필요가 있다.

화폐의 진화, 신뢰의 주체가 이동하다

인류가 사용한 화폐의 역사를 거슬러 올라가 설명하려면 상당히 긴 시간이 필요하므로 우리가 현재 주로 사용하는 지폐의 역사를 간단히 살펴보자. 세계 최초의 지폐는 11세기 초 중국 송나라 때 사용한 교자交子다. 당시 송나라 사람들이 사용하던 철전 등은 무거워서 보관이나 이동 등 불편한 점이 많았다. 그래서 송나라 상인들은 금속 화폐를 맡기고 교환권 형태의 지폐, 즉 일종의 어음을 발행했다. 금속 화폐보다 휴대하기 편리했지만, 어음 위조로 사회 혼란이 일어나자, 송나라는 세계 최초의 정부 발행 지폐인 교자를 발행했다. 대략 지금으로부터 1,000년 전인 1023~1024년 무렵의 일이다.

서양은 동양보다 지폐 발행과 활용이 다소 늦었다. 유럽에서 발행한 최초의 지폐는 1661년 스웨덴의 스톡홀름은행Stockholms Banco에서 발행하여 유럽 전역에서 사용됐다. 전 세계인들이 공통으로 사용하게 되는 현대 지폐의 시작점은 여러 나라에서 중앙은행이 설립되고, 국가 보증의 바탕이 이루어진 후였다. 영국은행(1694년)과 미국 연방준비제도(1913년) 등을 예로 들 수 있으며, 인류 역사를 볼 때 지폐가 등장한 것은 비교적 최근의 일이다. 즉 금융의 기반은 국가와 중앙은행이란 신뢰의 담보 위에서 세워진 것이며, 종이돈은 '국가라는 중앙 주체의 신뢰'를 바탕으로 만들어진 첫 번째 금융 혁명인 셈이다.

현재 우리가 일상에서 흔히 사용하는 신용카드의 기원은 1950년대 초 미국의 프랭크 맥나마라Frank McNamara가 만든 다이너스 클럽 카드Diners Club Card다. 어느 날 프랭크는 레스토랑에서 저녁을 먹고 난 후 밥값을 계산하려다가 지갑이 없어서 불편함을 느낀 후 신용카드를 만들게 됐다. 다이너스 클럽 카드는 초기에는 회원 200여 명에 가맹점 14개 정도로 시작했지만, 1년 만에 회원 수가 무려 2만여 명으로 늘어났다. 그 당시만 해도 다이너스 클럽 카드의 결제방식은 획기적이었으며, 이를 계기로 신뢰의 주체가 국가에서 은행과 금융기관으로 옮겨가게 됐다.

블록체인을 설명하기 전에 화폐의 변화 과정을 짧게 언급한 것은 단순히 과거 인류가 사용하던 화폐의 역사를 돌아보기 위함이 아니다. 우리가 사용하고 있는 화폐나 지폐의 바탕에는 '신뢰와 가치'가 담겨 있고, 그것을 어떻게 하면 '더 편리하게 사용하여 인간 생활을 이롭게 할 수 있는가'라는 질문에 대한 답으로서 변화했다고 볼 수 있다. 우리가 사용하고 있는 화폐의 신뢰가 국가에서 금융기관으로 옮겨졌고, 이것이 다시 디지털 네트워크로 이동한 점을 알아야 한다.

▶ 인류가 사용한 화폐 시스템과 신뢰 주체의 이동

시대	화폐 형태	신뢰의 주체
고대	조개껍데기, 금	실물 가치
근대	지폐	국가
현대	전자화폐	금융기관
미래	블록체인	네트워크(탈중앙화)

디지털 경제와 블록체인, 신뢰의 최종 진화

다시 한 번 화폐의 진화를 간단하게 정리하면, 블록체인이 왜 현재는 물론이고 미래 사회의 거래 중심에 놓이는지를 확신할 수 있다. 모든 화폐는 '거래를 목적으로 하는 신뢰 가치'라고 볼 수 있다. 예를 들면 ① 조개껍데기나 금은 물건 그 자체가 가치를 지니는 동시에 고대 물물교환 때 사용하는 화폐 기능을 담당했다. ② 지폐, 즉 종이돈은 국가의 신용과 신뢰를 담보로 한다. ③ 전자화폐는 국가의 신뢰도 중요하지만 특히 은행 시스템의 신뢰로 구축된다. ④ 블록체인은 그 이전과는 전혀 다른 방식, 즉 중앙의 통제나 신뢰

없이도 구축되는 새로운 신뢰 방식이라 할 수 있다.

따라서 화폐의 역사는 신뢰의 주체가 누구에게 있는가로부터 발생하여 변화해온 과정이다. 그런 맥락에서 볼 때, 블록체인은 가치와 신뢰를 바탕으로 하는 최상위 또는 최종 단계 가운데 하나이며, 신뢰를 기술로 대체한 새로운 시대를 열었다고 할 수 있다.

이쯤에서 '여러분은 언제 지폐를 마지막으로 사용했습니까?'라는 질문을 해보자. 내 경우는 지난해 설에 세뱃돈으로 현금을 사용한 것이 마지막이다. 사실 대부분의 사람들이 일상생활에서 현금을 사용하는 경우가 극히 드물다. 밥을 먹거나 커피를 마실 때 신용카드를 사용하거나, 심지어 이것도 스마트폰을 활용한 모바일 결제 Mobile Payment를 사용하기도 한다. 최근에는 세뱃돈마저 현금 대신 모바일 송금이나 상품권 등 디지털 방식으로 주는 사례가 늘었다.

여기서 한 가지 주목해야 할 지점이 바로 '화폐(지폐) 활용 가치의 이동'이라고 볼 수 있다. 그러니까 20세기 경제의 중심이 현금이었다면, 21세기 경제는 신뢰할 수 있는 데이터로 움직인다. 현재 우리가 일상에서 사용하는 모든 거래는 대부분 디지털 자산 형태를 사용하고 있다. 무엇보다 편리하고, 사용 기록을 바로 저장하거나 바로 확인할 수 있기 때문이다.

눈치가 좀 빠른 독자라면 '그래 맞아! 과거에는 금을 사용했고, 최근에는 신용카드나 모바일을 활용하고 있지. 그렇다면 그다음은 무엇일까?'라는 질문을 하게 된다. 여기에서 우리는 '왜 블록체인을 알아야 하는가'라는 질문에 대한 답을 얻을 수 있다. 꼭 기억해야 할 핵심 사항은 화폐의 본질은 신뢰이며, 그 신뢰의 주체가 중앙정부나 시스템에서 가상공간, 즉 네트워크로 이동했다는 점이다. 블록체인은 이러한 변화를 '신뢰할 수 있는 기술로 구현한 혁명'이라고 볼 수 있다.

02

스타벅스는 블록체인이
왜 필요했을까?

블록체인은 거래를 투명한 관계로 바꾸는 새로운 틀이다. 사람들은 디지털 기기를 손에서 놓지 않고 살지만, 정작 디지털 시스템이 가져올 미래에 관해서는 궁금해하지 않는다. 단 일부만이 그 세계의 문을 열고 들어가서, 게임의 법칙에서 승자가 된다.

무엇보다 왜 필요한가

우리는 새로운 기술이나 시스템을 사용하기 이전에 '그래서 그게 도대체 뭔데요?'라고 묻지 않고, '그게 왜 필요한가요?'라고 질문한다. 그나마 필요성을 질문의 화두로 삼는 이들은 생각이 앞서가는 사람들이라고 볼 수 있다. '무엇인가'를 이해하기 이전에 '왜 필요한가'를 이해하는 것은 기술의 본질이나 시스템의 활용 가치 등을 더 쉽게 알 수 있는 방법 가운데 하나다. 블록체인 역시 마찬가지다. 블록체인은 신뢰를 중앙에서 기술로 옮기는 시스템이기 때문이다.

앞서 언급했듯이, 인터넷은 처음 등장한 이후 이메일, 월드 와이드 웹, 닷컴, 소셜 미디어, 모바일 웹, 빅 데이터, 클라우딩, 사물인터넷 등으로 확장 발전했다. 이런 기술의 변화는 사용자로 하여금 검색의 편리성은 물론이고 협업과 정보 교환을 손쉽게 할 수 있도록 하여 과거 '나만의 노하우'라고 불리는 장벽들을 무너뜨렸다. 그렇게 사람들은 정보의 장벽을 무너뜨린 후 새로운 콘텐츠를 생산하고, 유통망을 확장했다. 그리고 이것을 시스템화하여 과거와는 다른 디지털 벤처 산업 육성이라는 가시적 효과를 이뤄냈다.

그런데 여기서 하나 짚고 넘어가야 할 사항은 기술의 풍요가 가져온 단점 또한 크다는 것이다. 디지털 정보의 확장으로 인해 개인의 프라이버시가 침해됐고, 이것을 악용한 디지털 사기 범죄 또한 급증했다. 우리가 만들어놓은 놀라운 기술에는 '윤리'라는 소프트웨어가 탑재돼 있지 않기 때문이다. 따라서 인류가 만들어낸 디지털 신기술은 선과 악을 가리지 않고 모든 사람에게 열려 있다고 보면 된다. 여기서 다시 '왜 블록체인이 필요한가?'라는 질문이 나올 수밖에 없다.

블록체인이 주목받는 이유는 신뢰의 기술

블록체인에 대해 좀 더 쉽게 이해할 수 있도록 세계적인 경영 전략가인 돈 탭스콧Don Tapscott과 그의 아들 알렉스 탭스콧Alex Tapscott이 공저한 《블록체인 혁명》에 나오는 흥미로운 구절을 인용하겠다. 이 책은 블록체인 바이블이라고도 불리기 때문에 필독을 권한다.

블록체인 기술은 다양한 조직에 깊은 의미를 선사한다. 영리하고 영향력 있는 사람들이 블록체인에 흥분하는 이유가 바로 여기에 있다. 벤 로스키Ben Lawsky는 뉴욕주 금융 감독관을 그만두고 컨설팅 회사를 창업했다. 그는 이렇게 말했다. "5~10년 사이에, 금융 시스템은 알아챌 수 없을 정도로 숨어버릴 겁니다. 나는 그러한 변화에 동참하고 싶습니다." JP 모건의 CFO와 글로벌 원자재 부문장을 역임했던 블라이드 매스터스Blythe Masters는 블록체인 기술에 특화된 스타트업을 만들어 금융 산업의 체질을 바꾸려 했다. 2015년 《블룸버그 마켓Bloomberg Markets》 10월 판에는 매스터스를 다음과 같은 제목으로 소개했다. '온통 블록체인뿐'. 이와 마찬가지로 《이코노미스트》 2015년 10월 31일자 커버스토리에서는 '신뢰의 기계'라는 제목으로 블록체인의 본질을 '비트코인 이면의 기술이 경제가 작동하는 방식을 바꿀 수 있다'라고 간결하게 설명했다. 《이코노미스트》의 시각에서, 블록체인 기술은 '사물을 신뢰하게 만드는 대단한 사슬'이다.

-《블록체인 혁명》을유문화사, 2017, 30~31쪽.

미국 주식과 금융을 다루는 대표적인 잡지 《블룸버그 마켓》이 블록체인 시대를 예고하고, 경제 전문지 《이코노미스트》에서 블록체인을 '신뢰를 보장해주는 거대한 사슬'이라고 평한 것이 벌써 10년 전이다. 그들의 예측은 정확하게 진행되고 있다고 볼 수 있으며, 특히 블록체인이 진일보한 정치, 사회, 경제, 문화 등에서 전방위적으로 더 안전하게 활용되는 것은 이제 시간 문제라고 할 수 있다. 아니 이미 현재 진행형이다.

스타벅스 사례로 살펴본 생활 속 블록체인

블록체인 기술은 스타벅스의 사례를 통해 일상에서 더 빠르게 체감할 수 있다. 스타벅스가 블록체인 기술을 비즈니스 영역에 적용한 사례는 두 가지다. 하나는 '스타벅스 오디세이Starbucks Odyssey' NFT 리워드 프로젝트다. 지난 2022년 12월 웹 3.0 기술을 활용하여 베타 론칭했고, 2024년 3월에 프로그램을 공식적으로 종료했다. 스타벅스 오디세이는 NFT를 수집하고 구매할 수 있는 프로그램인데, 조금 쉽게 설명하면 스타벅스 프리퀀시 확장판이라고 볼 수 있다. 이것은 스타벅스 카드를 사용하여 매장에서 제품을 구입할 때 '별' 적립을 대체 불가능한 토큰이라 불리는 NFT로 바꾼 것이다. 과거에는 스타벅스 음료 등 자사 제품을 구입하는 고객에게 굿즈를 제공하는 혜택을 주었다면, 스타벅스 오디세이에 로그인하여 스타벅스가 제공하는 이벤트에 참여할 경우, 이에 대한 보상으로 스탬프(NFT)를 소비자에게 제공한다.

▶ 스타벅스 오디세이 적용 이전과 이후

스타벅스 과거 방식	NFT 도입 후 스타벅스의 현재 전략
소비자 포인트 적립	NFT 자산화
이벤트 중심	소비자 참여 중심 생태계 구축
단순 보상	스타벅스 브랜드 확장

지난 2020년 여름 흥미로운 사건이 하나 발생한다. 한 고객이 스타벅스 이벤트인 '서머 레디백'을 갖기 위해서 음료 300잔을 구입한 뒤, 음료에는 관심 없고 오직 레디백만 갖고 돌아간 일이 있었다. 이 사례가 이슈가 돼서 스타벅스가 기획하는 한정판 굿즈를 갖고 싶어하는 충성 고객층이 대폭 늘어났다. 지금도 매년 스타벅스는 여러 기업과 협업하여 e-프리퀀시 이벤트를 진행하고 있다. 스타벅스 오디세이는 단순히 NFT를 이벤트로 활용하거나 팔기 위한 기업의 방식이 아닌, 기존 멤버십을 확장하여 고객 참여율을 높이기 위한 프로젝트였고, 그 결과는 만족 그 이상이었다.

▶ 스타벅스가 블록체인을 활용한 변화 방식

항목	과거 방식	블록체인 적용 후
리워드	단순 포인트 지급	NFT 자산화
고객 경험	이벤트	고객 참여형 생태계 구축
공급망	기업 내부 정보	소비자와 생산자에게 공개
신뢰 방식	기업 중심	네트워크 중심으로 이동

공급망의 투명성, 신뢰를 다시 설계하다
두 번째 사례는 블록체인 기술을 기반으로 하여 원두 커피 공급망의 투명성을 추적하는 디지털 시스템을 갖춘 것이다. '스타벅스 팜 투 컵Starbucks Farm to Cup'은 '농장에서 한 잔의 커피가 되기까지farm to cup'라는 스토리텔링으로 사용자들에게 알려져 있다. 스타벅스의 FTC는 커피 농장에서 매장까지 커피 원두가 도착하고 사용되는 과정을 투명하게 보여준다.

2020년 스타벅스가 공개한 블록체인 기반 원산지 추적 툴은 소비자가 특정 커피 상품에 붙어 있는 QR코드나 시리얼 넘버를 입력하면 커피 원산지(나라, 지역, 농장 등)를 직접 확인할 수 있다. 커피 농장주 역시 자신이 판매한 원두가 어느 나라로 가서, 어떻게 사용되는지 또한 확인할 수 있다. 스타벅스가 이것을 만든 이유는 브랜드의 신뢰 구축과 함께 소비자들에게 '좋은 커피의 여정'을 경험토록 한 것이다. 여기에는 블록체인의 투명성과 함께 추적 가능성을 제공하는 방식이 사용됐다.

03

블록체인은 비트코인이 아니다

블록체인에서 신뢰는 맹목적인 믿음에 의존하지 않고, 실질적 증거와 검증 가능한 기록에 의해 확보된다. 이제 더 이상 신뢰는 중앙집중형 기관에 의해 부여되지 않고, 블록체인 시스템을 통해 새롭게 구축된다. 블록체인은 위변조를 비롯한 부정과 부패가 사실상 매우 어렵도록 설계돼 있다. 요약하면 블록체인은 '검증 가능한 디지털 분산 거래 장부'라고 볼 수 있다. 다만 여기서 혼동하지 말아야 할 점은 비트코인은 블록체인 기술을 활용한 대표적 응용 사례일 뿐, 블록체인 그 자체가 아니다.

블록체인과 비트코인, 혼동에서 시작된 오해

블록체인이란 단어를 들으면 많은 사람이 가장 먼저 비트코인을 떠올린다. 어떤 사람들은 이 두 개념을 같은 것으로 혼용하기도 한다. "블록체인이 비트코인 아닌가요?"라고 말하는 이들도 적지 않다. 그러나 이는 '책'과 '글자'를 혼동하는 것과 유사한 오류라고 볼 수 있다. 간단히 말해, 블록체인은 기술이며 비트코인은 그 기술을 활용한 첫 번째 응용 사례인 가상화폐다. 비트코인을 구현하기 위해 사용된 기술이 바로 블록체인이다. 만약 블록체인이 존재하지 않았다면, 비트코인은 세상에 등장할 수 없었을 것이다.

비트코인은 디지털 화폐의 일종으로, 지불 수단이라는 본래의 목적을 지닌다. 반면 블록체인은 금융 거래뿐만 아니라, 모든 데이터를 거래하고 기록하는 데 활용된다. 이 개념을 조금 더 확장해보면, 블록체인의 잠재력에 놀랄 수밖에 없다. 예를 들면 블록체인은 디지털 인증을 비롯해 소셜 네트워크, 선거 및 투표 시스템, 클라우드 저장, 탈중앙화된 애플리케이션^{DApp} 등 다양한 영역으로 확장되고 있다.

비트코인의 탄생, 신뢰 구조를 바꾼 사건

비트코인은 2008년 11월, 암호화 기술과 관련된 메일링 리스트를 통해 정체가 밝혀지지 않은 인물인 사토시 나카모토가 발표한 논문에서 시작됐다. 그가 누구인지는 아무도 알지 못하며, 개인이 아니라 여러 명으로 구성된 집단이라고 추측하는 이들도 있다. 결국 비트코인은 P2P 네트워크상에서 구현된 최초의 가상화폐다.

이듬해인 2009년 1월, 사토시 나카모토의 논문을 바탕으로 비트코인 소프트웨어가 공개됐다. 정확히는 1월 3일, 제네시스 블록 Genesis Block이라고 불리는 최초의 블록이 생성되면서 본격적인 네트워크가 가동되기 시작했다. 제네시스 블록은 오늘날 전 세계에서 운영되는 수많은 블록체인 노드들의 출발점이며, 비트코인 네트워크의 '시간 0'을 상징하는 사건이다.

흥미로운 점은 이 제네시스 블록에는 당시의 신문 헤드라인인 'The Times 03/Jan/2009 Chancellor on brink of second bailout for banks(2009년 1월 3일, 재무장관이 두 번째 은행 구제금융을 앞두고 있다)'라는 문장이 함께 기록돼 있다. 이는 단순한 데이터가 아니라 중앙화된 금융 시스템에 대한 비판과 새로운 탈중앙화 금융 질서의 선언으로 해석된다.

멈추지 않는 네트워크, 블록체인의 기술적 힘

비트코인 초기에는 프로그램 버그나 기능적 결함 등 여러 장애가 발생하기도 했다. 그러나 비트코인 네트워크는 지금까지 단 한 번도 정지된 적이 없다. 이는 단일 서버에 의존하지 않고, 수많은 컴퓨터(노드)들이 네트워크를 분산해 운영하는 구조 덕분이다. 누구 한 명이 서버를 꺼도 전체 시스템이 마비되지 않는 '탈중앙화(P2P)' 구조가 안정성을 보장하고 있는 것이다.

다시 말해, 제네시스 블록이 만들어진 순간부터 지금 이 순간까지 비트코인은 멈추지 않았다. 이것은 단순한 기술적 성취를 넘어, 중앙 통제 없이도 하나의 글로벌 화폐 네트워크가 자율적으로 유지될 수 있다는 것을 실질적으로 입증한 상징적 사건으로 평가된다.

비트코인과 블록체인, 한 그루 나무와 숲의 관계

사토시 나카모토의 비트코인은 금융기관이나 국가의 개입 없이도 안전하게 돈을 주고받을 수 있는 탈중앙화 화폐 시스템의 등장을 알리며, 전 세계 금융 질서에 커다란 충격을 주었다. 그러나 이 시점에 주목받은 것은 단순히 새로운 화폐의 등장만이 아니었다. 그 핵심은 중앙 기관 없이도 신뢰를 형성하고 거래를 기록할 수 있는 기술적 기반, 즉 블록체인의 가능성에 있었다.

다시 말해, 블록체인이 없었다면 비트코인은 존재할 수 없다. 그러나 비트코인 없이도 블록체인은 다양한 방식으로 활용될 수 있다. 앞서 블록체인과 비트코인의 관계를 '책'과 '글자'에 비유했지만, 사실 비트코인은 블록체인이라는 토양에서 자란 첫 번째 나무일 뿐이다. 비트코인이 숲 전체를 대표하지는 않는다. 인터넷의 첫 응용이 이메일이었다고 해서, 인터넷이 곧 이메일이라고 말하는 사람은 없다.

▶ 블록체인과 비트코인의 관계 비교

항목	블록체인	비트코인
정체	기술(시스템)	응용(가상화폐)
역할	거래 기록과 신뢰 구조 제공	화폐 시스템 구현
발행 주체	없음(탈중앙화)	네트워크 참여자
활용 범위	금융, 인증, 행정, 예술 등 무한	디지털 자산(화폐)
시작 지점	개념은 1990년대부터 연구	2009년 첫 구현

블록체인과 비트코인의 관계를 표로 살펴보면 쉽게 알 수 있다. 블록체인은 기술이며 비트코인은 그 위에 얹힌 첫 번째 서비스다. 블록체인이 거래의 신뢰를 보장하기 위한 장부 시스템이라면, 비트코인은 그 장부를 활용한 화폐 시스템이다. 둘은 서로 연결돼 있지만, 결코 동일한 개념이 아니다.

즉 비트코인은 블록체인의 가능성을 세상에 처음 알린 '시작점'이었을 뿐이다. 앞으로 우리가 진짜 주목해야 할 점은 하나의 화폐 시스템이 아니라 신뢰를 코드와 알고리즘으로 구현하는 분산 기술 그 자체라고 볼 수 있다. 다시 말해, 비트코인은 나무 한 그루에 불과하지만, 블록체인은 앞으로 자라날 숲 전체의 토양이다.

신뢰를 설계하는 기술, 블록체인의 확장성

블록체인은 단순히 가상화폐를 구현하기 위한 수단이 아니라 '신뢰를 재정의하는 핵심 인프라 기술'이다. 중앙 서버나 금융기관 없이도 거래와 기록이 가능하다는 점은 곧 데이터의 진위와 소유권을 스스로 증명할 수 있는 환경을 갖추었다는 뜻이다. 이러한 기술적 특성은 금융을 넘어서 사회 전반의 시스템을 근본적으로 바꿀 수 있는 잠재력을 가지고 있다. 이미 전 세계에서는 블록체인이 다양한 영역에서 실험되고 있다.

예를 들어, 디지털 신원 인증 시스템을 통해 사용자는 중앙 기관 없이도 자신의 신분을 증명할 수 있다. 선거나 투표 시스템에 블록체인 기술을 적용하면 투명성과 조작 방지 기능을 강화할 수 있다. 또한 의료 기록이나 저작권 관리, 공급망 관리, 공공 행정 등에서도 신뢰를 기반으로 한 데이터 거래가 가능해진다. 이는 곧 신뢰의 패러다임이 중앙에서 네트워크로 이동하는 거대한 전환점을 의미한다.

국가 인프라의 미래, 에스토니아와 대한민국

쉽게 알 수 있도록 사례를 하나 들어보자. 에스토니아 정부는 2012년부터 KSI 블록체인(개발사 Guardtime)을 행정 시스템 전반에 도입했다. 블록체인 기술을 활용하여 국민의 의료와 세금, 법률 데이터 등을 분산 저장하고 있다. 에스토니아 정부는 이를 통해 행정 절차의 효율성과 보안성을 높였다. 특정 기관의 서버가 마비되더라도 시스템 전체가 영향을 받지 않는 구조를 구축한 것이다. 에스토니아의 디지털 행정은 블록체인 기술이 어떻게 공공 시스템의 신뢰 기반을 재편할 수 있는지 잘 보여주는 대표적 사례다.

안타깝게도 2025년 9월 26~27일 대전 유성구 소재 국가정보자원관리원(국정자원)에서 화재가 발생해 추산 피해액이 최소 100억 원에 달한다고 언론은 보도했다. 데이터센터에서 리튬이온 배터리 폭발로 화재가 발생하면서 600여 개 이상의 시스템이 영향을 받았고, 현재도 복구 중이다. 이 사고로 정부 인증 서비스는 물론이고 민원 포털과 교육·학생 기록, 부동산 거래 등 다양한 디지털 행정 서비스가 중단됐다. 이번 화재 사건을 통해 국내 사이버 위협 수준도 상향 조정되었고, 디지털 인프라의 '단일 실패점'이 재조명되고 있다.

▶ 국가 전산망 화재를 통한 에스토니아와 한국 비교

항목	에스토니아 (블록체인 기반 디지털 서비스)	한국(국가 전산망 화재 사건)
시스템 구조 및 설계	분산원장/블록체인 기반으로 데이터 무결성 확보, 중앙 서버가 마비돼도 전체 서비스 영향 최소화	데이터 한 곳에서 사고가 발생하면 광범위하게 서비스 중단, 단일 실패점 존재
데이터 무결성과 신뢰성	블록체인 도입을 통해 데이터 변경, 위변조 가능성 낮춤	사고로 데이터 손실, 접근이 중단돼 신뢰도 하락
재해 및 위기 대응력	설계 단계에서 복수 저장소 및 분산 처리 개념으로 리스크가 낮음	물리적 사고에 대응할 수 있는 복제, 백업, 분산 등이 충분하지 않음
신뢰 기반의 공공 서비스 제공	이용자는 행정 서비스와 데이터 처리 과정에 대해 검증 가능하고 투명하다는 신뢰성을 가짐	서비스 중단으로 정부의 디지털 인프라에 대한 신뢰도 하락
교훈 및 대응 방향	분산 인프라+암호·블록체인 기술을 활용하여 공공 시스템 신뢰 가능성 보여줌	사고를 계기로 인프라 단일화·물리적 집중 구조의 리스크가 부각됨. 한국도 인프라 재설계 및 분산화와 대체 시스템 마련이 시급함.

　사람들이 블록체인을 비트코인이나 이더리움 같은 가상화폐로 착각하는 건 어찌 보면 자연스러운 일이다. 세상에 블록체인이 처음 알려진 계기가 바로 비트코인이었기 때문이다. 2009년 사토시 나카모토가 세상에 내놓은 비트코인은 중앙은행이나 금융기관 없이도 돈을 주고받을 수 있는 완전히 새로운 화폐 시스템이었다. 그리고 그 화폐의 신뢰를 지탱한 기술이 바로 블록체인이었다.

　문제는 많은 사람이 이 두 개념을 동일한 것으로 오해했다는 점이다. 기술은 블록체인인데, 먼저 세상에 이름을 알린 건 바로 비트코인이었기 때문이다. 마치 활자가 먼저 존재하고 있었음에도 책이 세상의 주목을 받은 것처럼 말이다. 하지만 블록체인은 단순히 돈을 사고파는 기술이 아니다. 앞서 언급한 에스토니아의 사례만 봐도 알 수 있듯이, 블록체인은 금융을 넘어 행정, 의료, 기술, 교육, 예술, 물류 등 신뢰가 필요한 모든 분야에서 활용될 수 있는 강력한 기술이다.

비트코인이 세상에 등장하기 이전에 세계 금융 시스템은 철저히 중앙화돼 있었다. 중앙은행과 금융기관이 화폐 발행과 유통을 독점했고, 모든 거래는 반드시 중개자를 거쳐야만 했다. 이러한 구조는 한편으로는 안정성을 주었지만, 동시에 거대한 권력을 중앙에 집중시키는 결과를 낳았다. 2008년 세계 금융위기는 이 중앙집중형 금융 시스템의 구조적 한계를 적나라하게 드러냈다. 거대 금융기관이 흔들리자 세계 경제 전체가 도미노처럼 연쇄적으로 휘청거렸다.

바로 그 시기에 사토시 나카모토가 세상에 문제를 제기했다. 그는 백서에서 이렇게 물었다. "우리는 금융기관이나 중앙은행 없이도 신뢰할 수 있는 시스템을 만들 수 있을까?" 이 질문에 대한 기술적 해법이 바로 블록체인이다. 블록체인은 중앙 권력 없이도 다수의 참여자가 합의하여 신뢰 기반을 만들고, 그 위에 거래 시스템을 구축할 수 있게 했다. 이 혁신적 기술은 화폐를 넘어 수많은 산업의 기반을 새롭게 설계할 수 있는 가능성을 제시한 것이다.

04

탈중앙화가 가져온
패러다임의 전환

중앙에 집중된 권력은 느리고 취약했다. 이제 신뢰는 흩어져서 서로를 지탱한다. 그것이 블록체인이 세상을 향해 던진 조용한 혁명이다. 블록체인은 기술이기 이전에 약속이며, 탈중앙화는 그 약속을 실천하는 철학이다. 한 사람이 만든 진실은 흔들릴 수 있지만, 모두가 합의한 진실은 쉽게 무너지지 않는다. 신뢰를 중앙에 맡기던 시대에서 신뢰를 스스로 만드는 시대로, 이제 우리는 새로운 질서의 문을 열었다.

거대한 패러다임의 전환

오늘날 우리가 일상에서 사용하는 거의 모든 서비스는 누군가의 '중앙 통제' 위에서 작동한다. 은행에서 송금을 하거나 병원에서 진료기록을 발급받을 때, 공공기관에서 등본을 떼는 과정에는 반드시 '중앙 주체'가 존재한다. 그것이 정부든 금융기관이든 거대한 플랫폼 기업이든 상관없이 중앙은 신뢰의 원천이자 권력의 주체였다.

하지만 블록체인이 등장하면서 이 전제가 근본적으로 흔들리고 있다. 과거에는 신뢰와 통제가 중앙에 집중돼 있었다면, 블록체인은 신뢰를 '참여자 전체'로 분산시켜 버렸다. 이것이 바로 '탈중앙화 Decentralization'라는 개념이다. 그리고 이 탈중앙화는 단순한 기술적 변화가 아니라 신뢰의 구조와 사회의 작동 원리 자체를 뒤흔드는 거대한 패러다임의 전환이다. 이제 우리는 더 이상 중앙의 통제나 허락을 기다릴 필요가 없다.

중앙집중 구조는 어떻게 만들어졌을까

중앙집중적 시스템은 인류가 사회를 조직화하기 시작한 순간부터 함께 발전했다. 원시 공동체에 속했던 시기에는 부족장이 권력을 갖고 자원과 의사결정을 통제했다. 근대에 들어오면서 국가와 정부, 중앙은행, 기업과 기관들이 사회의 중요한 결정을 주도하게 됐다. 이러한 구조는 효율성과 통제라는 측면에서 매우 강력했다.

예를 들어, 금융 시스템을 생각해보자. 우리가 돈을 송금할 때 은행이 중개 역할을 한다. 은행은 계좌를 만들고, 신분을 확인하고, 거래를 승인한다. 이 과정에서 송금이 완료되기 위해서는 반드시 중앙은행이나 시중은행이라는 '중앙 주체'가 개입해야 한다. 행정 시스템도 마찬가지다. 주민등록, 부동산 등기, 각종 증명서 발급은 모두 행정기관이라는 중앙을 거쳐야만 한다.

　이처럼 사회의 거의 모든 중요한 거래나 의사결정은 신뢰를 가진 중앙을 전제로 작동해왔다. 사람들은 은행을 신뢰했기 때문에 돈을 맡기고, 정부를 신뢰했기 때문에 공문서를 받아들였다. 하지만 이 구조에는 치명적인 약점도 존재한다.

중앙집중의 문제점, 신뢰의 독점과 취약점

　첫 번째 문제는 신뢰의 독점이다. 중앙 기관이 신뢰를 독점한다는 것은 곧 권력도 독점한다는 의미다. 중앙이 시스템을 멈추면 모든 거래가 멈추고, 중앙이 조작하면 그 결과를 바꿀 수 있다. 예를 들어, 2021년 10월 페이스북^{Facebook}의 서비스 장애로 인해 전 세계 수십억 명의 사용자가 대략 6~7시간 동안 접속하지 못하는 사태가 발생했다. 메시지, 결제, 로그인 등 수많은 일상적 활동이 한순간에 마비됐다. 단 한 곳의 중앙 서버가 멈췄다는 이유만으로, 전 세계의 디지털 일상이 정지된 것이다. 이 사건은 중앙집중 구조가 얼마나 취약한지를 단적으로 보여준다.

　두 번째 문제는 '단일 실패점'이다. 중앙 서버나 시스템이 공격받거나 고장이 나면 전체 네트워크가 마비된다. 한 곳의 문제가 곧 전체의 문제로 번지는 구조다. 대표적인 사례로 2023년 국민은행 전산 장애가 있다. 단 한 번의 서버 오류로 수백만 명의 금융 거래가 멈추고 결제 시스템이 정지됐다. 금융기관, 공공기관, 병원 등 중요한 사회 인프라일수록 이 위험은 더 커진다. 단일한 지점에 모든 신뢰와 기능이 집중된 구조는 곧 거대한 '한계점'을 품고 있는 셈이다.

세 번째 문제는 정보 비대칭과 불투명성이다. 중앙이 정보를 관리하기 때문에 개인은 자신의 정보가 어디서, 어떻게 쓰이는지 알 수가 없다. 거대 플랫폼은 우리의 데이터를 수집 및 활용하면서도 투명하게 공개하지 않는다. 예를 들어 2018년 구글^{Google}이 사용자가 위치 추적 기능을 꺼도 위치 정보를 수집한 사실이 드러나 전 세계적으로 큰 논란이 일었다. 또한 틱톡^{TikTok}은 방대한 이용자 데이터를 수집하고도 데이터의 저장 위치와 활용 방식을 명확히 공개하지 않아 글로벌 규제 대상이 됐다. 이처럼 개인은 자신의 데이터가 어떻게 쓰이는지 알 수 없으며, 그저 중앙을 믿을 수밖에 없게 된다. 신뢰의 구조적 불균형은 점점 그렇게 심화되고 있다.

탈중앙화의 시작, 신뢰를 모두에게 나누다

블록체인은 이 구조를 정면으로 뒤흔든다. 과거에는 신뢰가 중앙에 집중돼 있었다면, 블록체인은 신뢰를 네트워크 참여자 전체로 분산시킨다. 거래 기록은 중앙 서버가 아니라 모든 참여자가 공유하고 검증하며 합의를 통해 승인된다. 어느 한 곳이 멈춰도 전체는 멈추지 않는다.

예를 들어, 전통적인 은행 송금은 은행이 승인해야만 완료된다. 하지만 2009년 등장한 비트코인은 중앙 없이도 전 세계 누구에게나 송금할 수 있다. 네트워크 참여자 다수가 합의하면 거래가 성립되고, 모든 기록은 공개된 분산원장^{Distributed Ledger}에 저장된다. 실제로 2021년 페이스북이 마비됐을 때 수많은 서버가 멈췄지만, 비트코인 네트워크는 단 한 순간도 정지하지 않았다. 바로 이것이 탈중앙화가 가진 구조적 장점이다.

▶ 중앙집중과 탈중앙화 시스템의 패러다임 변화

항목	중앙집중 시스템	탈중앙화 시스템
신뢰 주체	은행, 정부, 기업	참여자 전체
승인 방식	중앙의 허락	네트워크 합의
정보 접근	제한적, 폐쇄적	개방적, 투명성
시스템 안정성	단일 실패점 존재	네트워크 전체 보안
권력 구조	소수의 중앙에 집중	다수에게 분산
비용 구조	중개 수수료 존재	중개인 제거로 비용 절감

위의 표에서 보듯이 탈중앙화는 기술적 구조의 변화에 머무르지 않는다. 사회가 신뢰를 구축하는 방식 자체가 뒤바뀌는 것이다.

탈중앙화가 사회에 미치는 파급 효과

탈중앙화의 가장 큰 영향은 신뢰와 권한의 이동이다. 과거에는 소수의 중앙 기관이 모든 권한을 가지고 있었다면, 이제는 참여자 모두가 시스템을 운영하는 주체가 된다. 이것은 곧 사회 권력 구조의 수평화를 의미한다.

우선 금융 분야에서는 은행을 거치지 않고도 개인 간 직접 거래(P2P)가 가능해진다. 스텔라^{Stellar}와 리플(Ripple: 현 XRP Ledger 생태계)은 국경 없는 실시간 송금 시스템을 통해 기존 금융망의 한계를 무너뜨리고 있다. 해외 송금 수수료는 획기적으로 낮아지고, 금융 접근성이 낮은 지역에서도 글로벌 금융 활동이 가능해진다. 행정과 공공 분야에서는 정부의 시스템에 전적으로 의존하지 않고도 투명하고 검증 가능한 행정 절차가 가능하다. 에스토니아는 블록체인을 전자정부 시스템에 적용해 의료, 행정, 투표 등 핵심 데이터를 분산 관리하고 있으며, 이를 통해 해킹이나 조작에 대한 위험을 획기적으로 줄였다.

콘텐츠와 예술 산업에서는 플랫폼 기업이 중간에서 수익을 가져가는 구조 대신, 창작자와 소비자가 직접 연결되는 생태계가 만들어진다. 이더리움 기반 NFT 시장의 급성장은 이런 변화를 상징한다. 창작자는 중개자 없이 작품을 전 세계에 판매하고, 수익도 자동으로 자신에게 돌아간다. 공급망 관리에서도 생산자부터 소비자까지의 모든 과정이 블록체인에 기록돼 신뢰와 투명성이 극대화된다.

IBM의 'IBM Food Trust'를 도입한 월마트는 식품 이력을 실시간으로 추적해 오염 사고에 신속히 대응하고 있다. 과거에는 수일이 걸리던 문제 파악이 몇 초 만에 가능해졌다. 이처럼 탈중앙화는 단순한 기술 변화가 아니라 금융, 행정, 문화, 산업 전반에서 신뢰와 권한의 흐름을 근본적으로 재편하는 거대한 구조적 전환이다.

기술이 아닌 '사회 시스템'의 전환

중요한 것은 탈중앙화가 단순한 기술 혁신이 아니라 사회가 작동하는 기본 원리의 변화라는 것이다. 인류는 오랜 세월 동안 중앙집중 구조를 통해 신뢰를 관리하고 권력을 행사해왔다. 하지만 기술

발전으로 인해 이제는 중앙의 통제를 받지 않고도 신뢰를 유지할 수 있는 방법이 생긴 것이다.

이것은 단지 금융이나 IT 영역의 변화에 그치지 않는다. 행정, 교육, 예술, 과학, 의료 등 신뢰가 필요한 모든 분야에서 탈중앙화는 새로운 가능성을 연다. 이는 곧 정보와 권력의 민주화, 다시 말해 누구나 참여할 수 있는 신뢰 구조의 재편을 뜻한다.

2020년대는 이미 초연결 사회다. 인터넷과 스마트폰, 인공지능, 사물인터넷(IoT)이 결합되면서 모든 것이 연결돼 있다. 하지만 연결만으로는 충분하지 않으며, 다음 단계는 신뢰다. 지금까지 연결은 중앙의 통제 아래 이루어졌지만, 이제는 연결된 모든 주체들이 스스로 신뢰를 관리할 수 있는 시스템이 필요하다. 블록체인과 탈중앙화는 바로 이 시대적 요구에 대한 해답이다.

05

디지털 사회의 인프라가 되다

기술은 처음엔 하나의 도구로 태어나지만, 진정한 혁신은 그것이 '인프라'가 되는 순간부터 시작된다. 전기가 불을 밝히는 기술에 머물렀다면 지금의 도시도, 산업도 없었을 것이다. 블록체인 역시 마찬가지다. 그것은 화폐를 넘어 사회의 보이지 않는 기반이 되어가고 있다. 블록체인은 우리 눈에 잘 보이지 않는다. 이제 블록체인은 선택적 기술이 아니라 공기처럼 존재하는 기반 기술이다.

인터넷 혁명과 블록체인 혁명의 유사성

1990년대 초 인터넷이 처음 세상에 모습을 드러냈을 때, 대부분의 사람들은 그것을 단순히 정보 검색이나 전자우편을 주고받는 수단 정도로만 여겼다. 하지만 불과 30여 년 만에 인터넷은 인류 사회의 거의 모든 영역을 지탱하는 핵심 인프라가 됐다. 인터넷 없이는 행정도, 교육도, 금융도, 심지어 일상적인 소통조차 불가능한 시대가 된 것이다. 블록체인도 지금 바로 그 길을 걷고 있다.

많은 사람이 아직 블록체인을 가상화폐 거래소나 투자 수단 정도로만 이해하고 있지만, 실상은 전혀 다르다. 블록체인은 인터넷처럼 단일 산업의 기술이 아니라 사회 전반을 지탱하는 기반 기술로 진화하고 있다. 이 기술은 기존 사회 시스템의 '신뢰'라는 가장 근본적인 토대를 다시 설계하고 있으며, 가까운 미래에는 행정, 금융, 유통, 의료, 교육, 예술 등 거의 모든 분야에서 보이지 않는 기반 인프라로 작동하게 될 것이다.

인터넷과 블록체인의 발전 경로를 비교해보면 놀라울 만큼 비슷한 흐름이 나타난다. 인터넷이 처음 등장했을 때도 대중의 반응은 회의적이었다. 느리고 불편하며, 일부 기술자들의 전유물처럼 여겨졌다. 그러나 1990년대 후반, 인터넷은 이메일을 통해 커뮤니케이션을 바꾸고, 검색을 통해 정보 유통 방식을 뒤흔들며 전 세계로 빠르게 퍼져나갔다. 그리고 어느 순간, 인터넷은 특정 기술이 아니라 사회의 기본 인프라가 돼 있었다.

블록체인 역시 초기에는 '가상화폐 투기 수단' 정도로 폄하됐다. 그러나 블록체인의 본질은 화폐가 아니라 신뢰를 구조화하는 기술이다. 이는 단일 서비스가 아니라 사회 전반의 신뢰 인프라로 확장될 가능성을 내포하고 있다. 지금 우리가 보고 있는 것은 시작 단계에 불과하다. 인터넷의 이메일 시대와 같은 단계에 해당되는 셈이다.

블록체인이 인프라가 되는 조건

어떤 기술이 사회의 인프라로 자리잡기 위해서는 몇 가지 조건이 필요하다. 인터넷도 그랬고, 전기나 철도와 같은 인프라도 그랬다. 블록체인 역시 다음 세 가지 조건을 충족함으로써 인프라로 발전할 수 있다. 첫째 보편성으로, 특정 집단이 아니라 누구나 쉽게 접근하고 활용할 수 있어야 한다. 둘째 투명성과 신뢰성이 갖추어져야 한다. 즉 기술 자체가 신뢰를 담보해야만 가능하다. 셋째 확장성이다. 이것을 통해 사회와 산업 분야에 적용될 수 있기 때문이다. 블록체인은 이 세 가지 조건을 모두 갖추고 있다. 참여자가 누구든 간에 접근이 가능하고, 거래나 기록은 공개돼 있으며, 위변조가 사실상 불가능하다. 그리고 금융을 넘어 행정, 예술, 공급망, 의료, 교육 등 다양한 영역으로 적용이 확장되고 있다.

금융 인프라로서의 블록체인

가장 먼저 블록체인이 인프라로 작동하기 시작한 분야는 금융이다. 전통적 금융 시스템에서는 송금, 결제, 투자, 보관 등 거의 모든 과정에 은행이라는 중앙 기관이 개입했다. 그러나 블록체인은 이러한 중개 과정을 제거하고 탈중앙화된 신뢰 네트워크를 통해 개인 간 직접 거래가 가능하도록 만들었다.

예를 들어, 해외 송금은 기존에는 은행망을 통해 처리돼 시간과 수수료가 많이 들었다. 하지만 블록체인 네트워크를 활용하면 실시간 송금이 가능하고, 수수료도 거의 발생하지 않는다. 또한 중앙은행 없이도 화폐 발행이 가능한 비트코인이나 조건부 자동 계약이 가능한 이더리움은 금융 시스템의 패러다임을 송두리째 바꾸고 있다. 더 나아가 탈중앙화 금융, 즉 디파이는 중개 기관 없이도 대출, 예금, 보험 등의 기능을 수행한다. 이는 단순한 기술의 발전이 아니라 금융 인프라 자체의 탈중앙화를 의미한다.

행정과 공공 인프라로서의 블록체인

금융에 이어 블록체인이 인프라로 작동할 수 있는 또 다른 영역은 행정과 공공 서비스다. 지금까지 행정 시스템은 정부의 데이터베이스에 모든 정보를 중앙집중 방식으로 저장해왔다. 하지만 이 방식은 해킹이나 시스템 장애에 취약하고, 행정 절차도 복잡하다.

블록체인을 활용하면 이러한 문제를 근본적으로 줄일 수 있다. 모든 행정 기록을 투명하게 분산 저장함으로써 위변조 가능성을 원천 차단할 수 있고, 필요시 시민 누구나 자신의 기록을 안전하게 확인할 수 있다. 예를 들어 전자 투표 시스템에 블록체인을 적용하면 투표 조작 가능성이 사라지고, 선거 결과에 대한 신뢰도가 획기적으로 높아진다.

주민등록, 부동산 등기, 의료보험, 세금 신고 등 거의 모든 공공 서비스가 블록체인 위에서 돌아갈 수 있다. 공공 시스템에 블록체인이 적용된 대표적인 사례로는 에스토니아의 디지털 행정이 자주 언급된다. 에스토니아는 전 국민의 행정 정보를 블록체인 기반의 분산 시스템으로 관리하고 있으며, 세계에서 가장 앞선 디지털 행정 모델로 평가받고 있다.

창작과 예술 인프라로서의 블록체인

인터넷이 정보의 민주화를 가져왔다면, 블록체인은 창작의 권리와 가치의 민주화를 가져오고 있다. NFT 기술은 디지털 파일에 고유한 소유권을 부여하여, 예술가가 자신의 작품을 직접 판매하고 거래 내역을 투명하게 관리할 수 있게 만들었다. 중개 플랫폼이 수익을 가져가는 구조 대신, 창작자가 직접 주체가 되는 구조로 전환되고 있는 것이다.

이러한 변화는 단순한 미술품 거래에만 국한되지 않는다. 음악, 영상, 출판, 게임 등 모든 창작 영역에서 NFT와 블록체인이 작동할 수 있다. 특히 창작물이 2차, 3차로 거래될 때마다 자동으로 로열티를 지급하는 스마트 컨트랙트는 창작자에게 지속 가능한 수익 구조를 제공한다.

교육, 의료, 환경 등 기타 사회 인프라 영역

탈중앙화의 바람은 금융과 산업을 넘어 우리 삶의 기반을 이루는 교육, 의료, 환경의 결을 천천히 바꾸어놓고 있다. 교실 밖으로 흩어진 졸업장과 자격증, 성적표는 더 이상 종이와 인감에 묶이지 않는다. 블록체인 위에 새겨진 기록은 위변조될 수 없는 신뢰의 문장으로 남아 세계 어디서든 같은 가치를 지닌 증거가 된다.

병원과 병원 사이를 떠도는 환자의 기록도 이제는 한 줄 한 줄 안전하게 쌓인다. 데이터는 더 이상 남의 손에 있는 것이 아니라 환자 본인에게 귀속된다. 그리고 보이지 않는 하늘과 바다, 공기와 에너지의 흐름 속에서도 신뢰의 언어는 작동한다. 탄소 배출권과 재생에너지 인증이 투명하게 기록되고, 지구의 시간은 조용히 더 공정해진다.

언젠가 블록체인은 인터넷처럼 눈에 보이지 않지만, 세상을 지탱하는 필수적인 토대가 될지도 모른다. 교실에서, 병원에서, 숲과 바다에서, 그 존재를 의식하지 않아도 늘 곁에서 세상을 좀더 정직하게 만들고 있을 것이다.

▶ 인프라로서 블록체인의 특징

항목	기존 시스템	블록체인 기반 시스템
신뢰 주체	중앙 기관	네트워크 참여자 전체
구조	중앙집중	분산과 탈중앙화
투명성	제한적	개방적, 변조 불가
중개 비용	높음	중개자 제외, 비용 절감
확장성	분야별 한계	전 산업 분야 적용 가능
보안	중앙 서버 취약	분산 구조로 안정성 향상

블록체인 인프라 시대의 의미

블록체인이 사회의 인프라가 된다는 것은 단순히 기술이 하나 더 추가되는 차원의 얘기가 아니다. 그것은 곧 '신뢰의 주도권'이 중앙에서 시민 개개인으로 이동한다는 의미다. 지금까지 정부와 기업,

그리고 거대 기관이 독점하던 정보와 권력이 기술을 통해 분산되고, 누구나 신뢰의 구조에 참여할 수 있는 시대가 열리고 있다. 한때는 신뢰가 곧 권력이었다. 은행의 도장이 찍혀야 돈이 움직였고, 관청의 인장이 있어야 문서가 효력을 가졌다. 중앙의 시스템이 멈추는 순간 모든 거래와 절차가 동시에 멈췄다. 그러나 이제 신뢰는 특정 기관의 소유물이 아니라 모두의 손에 나누어진 공공재로 전환되고 있다.

　인터넷이 처음 등장했을 때 세상은 그것을 '통신 기술'로만 바라보았다. 그러나 인터넷은 단순한 기술이 아니라 정보의 패러다임을 통째로 바꾸는 거대한 전환이었다. 언론과 지식의 흐름이 중앙에서 개개인으로 흐르면서 세상의 소통 방식이 완전히 달라졌다. 블록체인이 지금 하고 있는 일도 본질적으로 그와 같다. 인터넷이 '정보의 주도권'을 이동시켰다면, 블록체인은 '신뢰의 주도권'을 이동시키고 있는 것이다.

　이 변화는 금융이나 행정 같은 일부 영역에 국한되지 않는다. 신뢰가 작동하는 곳이라면 어디든, 이 기술은 그 틀을 바꾸어놓을 수 있다. 과거의 신뢰는 하나의 기관, 하나의 서버, 하나의 권위에 의존했다. 하지만 블록체인 인프라 시대에서는 수많은 참여자들이 함께 신뢰를 만들어가는 구조가 형성된다. 중앙 서버 한 곳이 멈추면 모든 것이 멈추던 시대에서, 어느 한 곳이 멈춰도 전체는 작동하는 시대가 도래하는 것이다.

　이런 변화는 사회 질서의 수직 구조를 수평 구조로 재편한다. 정보와 권력이 꼭대기에 집중된 피라미드형 사회에서, 신뢰의 힘이 바닥으로 고르게 흘러내리는 네트워크형 사회로 전환되는 것이다. 개인은 더 이상 시스템의 수동적 이용자가 아니라 신뢰의 구조를 함께 만들고 지키는 주체가 된다. 이 흐름은 곧 정부와 기업, 시장과 시민사회의 관계까지 근본적으로 변화시킬 것이다. 신뢰가 분산되는 사회에서는 특정 권력이 모든 것을 지배하기 어려우며, 대신 수많은 참여자들의 합의와 협력이 새로운 질서를 이끌어가게 될 것이다.

이러한 변화는 이미 곳곳에서 시작되고 있다. 금융에서는 은행의 승인 없이도 거래가 이루어지고, 행정에서는 중앙 서버가 아니라 네트워크 전체가 공공 기록을 지탱한다. 예술과 콘텐츠 산업에서는 플랫폼이 독점하던 유통 구조가 해체되고, 공급망에서는 생산부터 소비까지의 과정이 모두 투명하게 기록된다. 교육, 의료, 환경 영역에서도 신뢰와 데이터의 주도권이 개인과 공동체로 이동하고 있다.

결국 블록체인 인프라 시대는 기술의 문제가 아니라 사회 구조의 문제인 것이다. 그것은 권력과 신뢰가 이동하는 방식의 변화이며, 사회 질서가 다시 설계되는 순간이다. 마치 20세기 말 인터넷이 세상의 경계를 허물고 모든 산업의 지형을 바꿔놓았듯, 블록체인은 21세기 사회의 신뢰 체계를 다시 쓰고 있다. 이 흐름은 더 이상 되돌릴 수 없는 거대한 변화이며, 금융, 행정, 산업을 넘어 우리 사회의 기본 인프라로 자리잡게 될 것이다.

언젠가 우리는 블록체인을 '특별한 기술'로 부르지 않게 될지도 모른다. 인터넷과 마찬가지로 공기와 전기, 수도처럼 눈에 보이지 않지만 사회를 지탱하는 근간이 될 것이다. 신뢰가 권력에서 사람으로, 중앙에서 네트워크로 이동하는 이 흐름 속에서 우리는 새로운 질서와 문명의 전환점을 마주하고 있다.

06

미래를 준비하는 첫걸음

미래는 멀리 있는 것이 아니라 이미 우리 곁에서 조용히 작동하고 있다. 중앙에 머물던 신뢰는 흩어지고, 이제 우리 모두가 그 구조를 함께 지탱하는 주체가 된다. 블록체인은 거대한 소리를 내지 않지만, 공기처럼 스며들어 사회의 깊은 곳을 바꾸고 있다.

이것은 단순한 기술의 문제가 아니라 신뢰와 권한, 질서의 이동에 관한 혁명이다. 복잡한 예측을 하는 대신 작은 첫걸음을 내딛는 것, 그것이 우리가 할 일이다. 미래는 그렇게 조용히 시작된다.

변화가 아니라 전환의 시대

이제는 '왜 블록체인이 중요한가'를 묻는 시대에서, '어떻게 블록체인 시대를 준비할 것인가'를 고민해야 할 시점이다. 기술의 파도는 누구도 기다려주지 않는다. 세상의 흐름을 먼저 이해하고 작은 실천으로 옮기는 개인과 조직만이 다가올 미래 사회의 주도권을 쥘 수 있다. 준비하지 않는 자에게 기술은 위기이지만, 먼저 다가가는 자에게 기술은 기회가 된다.

21세기를 흔히 '디지털 전환의 시대'라고 부른다. 그러나 여기서 '전환'은 단순히 아날로그에서 디지털로 매체가 바뀌는 현상을 뜻하지 않는다. 그것은 우리가 살아가는 사회 시스템의 근본 구조가 바뀌는 과정이다. 과거에는 정부와 기업이라는 중앙 권력이 정보와 신뢰를 독점했고, 개인은 그 구조 안에서 수동적으로 움직일 수밖에 없었다. 그러나 블록체인 시대에는 이 권력이 네트워크 전체, 즉 참여자 개개인에게 분산된다. 신뢰가 특정 기관의 전유물이 아니라 모두의 손에 나누어지고, 시스템은 중앙의 명령이 아닌 집단의 합의에 따라 움직이게 된다.

이 흐름은 단순한 변화change가 아니라 '전환shift'이다. 변화는 기존의 틀 안에서 조정되는 움직임에 가깝지만, 전환은 틀 자체가 바뀌는 사건이다. 산업 구조, 경제 시스템, 행정 절차, 창작 생태계 등 사회의 거의 모든 영역이 블록체인을 기반으로 신뢰와 거래 구조를 재편하는 흐름 속에 스며들고 있다. 한 기관의 데이터베이스가 모든 권력을 쥐던 시대에서, 수많은 참여자가 신뢰를 함께 만들어가는 시대로 옮겨가는 것이다.

지금 우리는 이 거대한 흐름이 막 시작되는 초입에 서 있다. 인터넷이 이메일과 포털 사이트라는 초창기 응용 단계를 지나 폭발적으로 확산되었듯이, 블록체인도 이제 '확산기Expansion Phase'를 눈앞에 두고 있다. 아직 모든 것이 완성된 것은 아니지만, 분명한 방향은 정해졌다. 지금이야말로 질문의 방향을 바꿔야 한다. '블록체인이 우리에게 어떤 의미가 있는가?'에서 '우리는 블록체인 시대에 어떤 선택을 할 것인가?'로 말이다.

기술은 결코 중립적이지 않다. 누가 먼저 이해하고, 어떻게 다루느냐에 따라 새로운 질서의 주도권이 결정된다. 블록체인 전환의 파도는 이미 밀려오고 있다. 지금 당장 필요한 것은 한 걸음 먼저 그 파도 위에 올라타는 것이다.

개인에게 필요한 블록체인 리터러시

블록체인 시대에 가장 중요한 것은 기술을 완벽하게 이해하는 능력이 아니다. 변화의 본질을 읽고 방향을 잡는 능력, 바로 '블록체인 리터러시Blockchain Literacy'다. 리터러시란 단순히 지식을 아는 것을 넘어서 정보를 이해하고 활용해 현실의 문제를 해결할 수 있는 능력을 뜻한다. 기술이 사회의 언어가 되는 시대에는 이 리터러시가 곧 생존력이다.

블록체인 리터러시는 무엇보다 기술의 본질을 이해하는 것에서 출발해야 한다. 블록체인은 단순한 가상화폐가 아니라 신뢰의 구조를 설계하는 기술이다. 모든 기술 용어를 외울 필요는 없지만, 왜 이 기술이 중요한지, 무엇을 바꾸는지에 대한 감각은 반드시 갖춰야 한다. 기술에 대한 감각은 거대한 변화를 읽는 가장 기초적인 나침반이 된다.

둘째, 활용의 맥락을 읽는 능력이 필요하다. 블록체인은 금융 영역을 넘어 행정, 유통, 예술, 교육 등 다양한 분야에 적용되고 있다. 지금 내가 속한 생활과 직업의 영역에서 이 변화가 어떤 영향을 미칠 수 있는지를 파악하는 것은 단순한 지식이 아니라 전략이 된다. 시대의 방향을 읽는 사람만이 주체적으로 미래를 설계할 수 있다.

셋째, 작은 실천으로 시작하는 용기가 필요하다. 거대한 변화는 머리로만 이해해서는 체감되지 않는다. NFT를 직접 발행해보거나, 디지털 자산 지갑을 만들어 블록체인 기반 서비스를 경험해보는 것만으로도 세상의 흐름이 피부로 느껴진다. 경험은 가장 강력한 학습이며, 리터러시는 실천에서 완성된다.

블록체인 리터러시는 전문가만의 언어가 아니다. 누구나, 지금 이 자리에서, 작은 시도로 시작할 수 있는 미래 감각이다. 기술이 우리 삶의 언어가 되는 시대에, 리터러시를 가진 개인만이 미래의 설계자가 될 수 있다.

기업이 준비해야 할 변화 전략

기업에게 블록체인은 이제 '선택할 수 있는 기술'이 아니라 생존과 성장의 '핵심 경쟁력'이 돼가고 있다. 인터넷이 기업 활동의 전 과정을 뒤흔들었던 것처럼, 블록체인 역시 기업이 제품을 만들고, 고객과 소통하며, 가치를 창출하는 방식을 근본적으로 재편하고 있다. 이 거대한 전환의 흐름 속에서 기업이 어떤 태도로 대응하느냐에 따라 미래의 생존 여부가 결정될 수 있다. 이에 기업이 준비해야 할 변화 전략은 다음과 같다.

첫째, 자신의 비즈니스에 블록체인이 가져올 변화를 분석해야 한다. 제조업은 공급망 관리에, 유통업은 상품 이력 추적에, 콘텐츠 산업은 저작권 보호에, 금융업은 신뢰 구조 혁신에 블록체인을 적용할 수 있다. 기술이 업종별로 어떤 가치 사슬을 바꾸는지 면밀히 파악하는 것이 곧 전략의 기초다.

둘째, 작은 파일럿 프로젝트를 통해 실질적인 실험을 시작해야 한다. 거대한 계획보다 중요한 것은 실행의 발판이다. 소규모 프로젝트를 운영하며 리스크를 최소화하고, 실질적인 성과를 검증하는 과정에서 새로운 경쟁력이 싹튼다. 블록체인은 이론이 아니라 경험 속에서 진짜 힘을 발휘한다.

셋째, 데이터의 투명성과 신뢰성을 높이는 조직 문화를 만들어 나가야 한다. 블록체인의 도입은 단순한 기술적 변화가 아니라 기업의 운영 철학을 다시 쓰는 일이다. 기술보다 중요한 것은 문화이며, 신뢰를 기반으로 한 조직만이 이 전환기에 지속 가능한 경쟁력을 갖출 수 있다.

기술은 기업의 미래를 좌우하지만, 변화를 받아들이는 태도는 그 미래를 설계한다. 블록체인 시대에 살아남는 기업은 가장 먼저 방향을 읽고 움직이는 기업일 것이다.

정부와 공공의 역할
인터넷이 폭발적으로 확산할 수 있었던 데는 기술뿐만 아니라 공공 부문의 제도적 기반이 큰 몫을 했다. 블록체인도 예외는 아니다. 정부와 공공 부문이 블록체인을 단순한 민간 기술이 아닌 국가 인프라 차원의 전략 자산으로 인식하고 수용하는 태도가 필요하다. 공공이 나서야 시장이 따라온다.

그러려면 무엇보다 제도적 기반이 마련돼야 한다. 기술은 급속도로 발전하지만, 법과 제도가 이를 따라가지 못하면 혁신은 왜곡되거나 지연된다. 명확한 법적·제도적 프레임워크를 통해 시장의 신뢰를 높이고, 새로운 기술이 사회 전체로 확산될 수 있는 길을 열어야 한다.

둘째, 공공 서비스의 선도적 적용이 필요하다. 주민등록, 부동산 등기, 전자투표와 같은 핵심 행정 시스템에 블록체인을 적극 도입함으로써 민간 확산의 토대를 마련할 수 있다. 공공 부문이 먼저 모범 사례를 만들면, 민간은 보다 안정된 환경에서 혁신을 가속화할 수 있다.

셋째, 산·학·연 협력 생태계의 구축이 필수적이다. 블록체인은 폐쇄된 구조에서는 성장할 수 없는 기술이다. 정부, 민간 기업, 학계가 함께 개방형 생태계를 조성해야 지속 가능한 발전을 이룰 수 있다. 이를 통해 기술 개발과 제도 설계, 사회적 수용이 유기적으로 맞물릴 수 있다.

실제로 싱가포르의 디지털 인증 인프라와 아랍에미리트의 국가 디지털 ID 및 행정 서비스 시스템은 이러한 전략의 대표적 성공 사례로 꼽힌다. 싱가포르는 공공 신원 인증과 행정 절차에 블록체인을 적극적으로 접목해 공공 서비스의 효율성과 투명성을 높였고,

아랍에미리트는 전자정부 기반을 블록체인으로 전환해 행정 처리 시간을 대폭 단축하고 신뢰성을 강화했다. 블록체인 시대의 전환점에서 정부는 단순한 규제보다는 미래 질서를 설계하는 토대를 갖추어야 한다. 공공의 전략적 움직임이 곧 국가의 디지털 신뢰 인프라를 결정짓는다.

교육과 인재 양성의 중요성

기술 혁명이 일어날 때마다 세상은 새로운 인재를 필요로 했다. 인터넷이 폭발적으로 성장하던 시기, 세상에는 소프트웨어 개발자와 디자이너, 정보 기획자, 정책 입안자 등 이전에는 존재하지 않았던 수많은 직업군이 등장했다. 단순히 기술을 아는 사람이 아니라, 그 기술을 사회와 연결해 새로운 가치를 만들어내는 사람들이 세상의 흐름을 이끌었다.

블록체인 시대도 다르지 않다. 오히려 그 규모와 범위는 인터넷 초기보다 더 넓고 깊다. 블록체인은 금융, 행정, 산업, 문화, 예술, 교육 등 사회 전반의 구조를 뒤흔들고 있기 때문이다. 이 거대한 전환기에 새로운 역할과 직업은 폭발적으로 등장할 것이며, 이를 준비하는 교육의 중요성은 더욱 커질 수밖에 없다.

미래 인재 양성은 블록체인 시대의 가장 핵심적인 국가적 과제이자 사회적 투자다. 단순히 '블록체인 개발자'를 키우는 것만으로는 충분하지 않다. 기술을 사회 문제 해결에 접목할 수 있는 정책가, 창작 생태계를 혁신할 예술가와 콘텐츠 기획자, 새로운 금융 생태계를 설계할 전략가, 공공 행정의 신뢰 체계를 구축할 기획자 등

융합적 사고와 실천력을 갖춘 인재가 절실하다. 기술을 중심으로 하되, 기술에 갇히지 않는 '사고의 확장력'을 길러야 하는 이유다.

교육 현장 역시 변해야 한다. 기존의 단순한 기술 전달 중심의 교육에서 벗어나 실제 문제 해결 중심의 '블록체인 리터러시' 교육이 확산돼야 한다. 이 리터러시는 개발자뿐 아니라 행정가, 기획자, 예술가, 일반 시민 모두에게 요구되는 미래 사회의 기본 소양이 될 것이다. 대학 교육만으로는 충분하지 않다. 직업 교육, 평생 교육, 청소년 교육 등 전 생애에 걸친 학습 구조 속에 블록체인 이해와 활용 능력을 포함시켜야 한다.

이는 단순한 기술 인력 양성을 넘어, 사회 전체의 적응력과 대응력을 높이는 전략적 투자다. 빠르게 변하는 기술 환경 속에서 새로운 기회를 포착하는 사람과 그렇지 못한 사람 사이의 격차는 점점 커질 것이다. 블록체인 시대의 인재는 전문 지식뿐 아니라 변화의 본질을 읽고 스스로 학습하며 네트워크와 함께 성장하는 능력을 갖춘 사람들이다.

인터넷이 세상을 바꾼 것은 기술 자체가 아닌, 그 기술을 이해하고 활용한 수많은 인재들이 있었기 때문이다. 블록체인 역시 마찬가지다. 미래를 만드는 것은 기술이 아니라 그 기술을 다루는 사람들이다. 지금 교육의 방향을 어디에 두느냐가 곧 한 사회의 디지털 전환 역량을 결정할 것이다.

디지털 신뢰 사회로의 이행

블록체인의 본질은 신뢰를 기술로 대체한다는 데 있다. 지금까지 인류 사회는 신뢰를 중앙 기관(정부·은행·기업 등)에 위임함으로써 작동해왔다. 거래가 성립하려면 제3자의 보증이 필요했고, 문서가 효력을 가지려면 도장이나 인증 기관이 필요했으며, 정보의 신뢰성은 중앙의 권위를 통해 보장됐다. 신뢰란 언제나 소수의 손에 집중된 권력이었고, 시민은 그 구조 안에서 수동적 존재일 수밖에 없었다. 그러나 이제 기술이 신뢰의 구조를 뒤흔들기 시작했다.

블록체인은 중앙이 독점해온 신뢰를 네트워크 전체로 확장시킨다. 앞으로의 사회에서는 특정 기관만이 신뢰를 보증하는 것이 아니라 참여자 모두가 신뢰의 주체가 된다. 거래 기록은 한 곳에 머무르지 않고 수많은 참여자에게 동시에 저장되고 검증된다. 이는 단순한 기술 혁신이 아니라 사회 질서의 근본적인 전환이다. 신뢰를 둘러싼 권력의 지형이 중앙에서 개인과 공동체로 이동하는 과정인 것이다.

이 전환은 우리의 일상과 제도 전반에 광범위한 변화를 일으킨다. 돈을 쓰는 방식은 국가와 금융기관을 거치지 않고도 이루어질 수 있게 되고, 신원을 증명하는 방식은 중앙 서버가 아닌 블록체인 네트워크상에서 자율적으로 관리될 수 있다. 정보의 공유 방식은 소수의 기관이 통제하는 폐쇄형 구조에서 다수가 참여하는 개방형 구조로 옮겨가며, 계약은 서류와 도장 대신 코드와 합의에 기반해 체결되는 세상으로 나아간다. 이 변화는 이미 시작되었고, 눈에 보이지 않는 곳에서 서서히 사회의 구조를 재편하고 있다.

다시 말하지만, 블록체인은 단순한 기술 도구가 아니다. 신뢰라는 사회의 근본적 기반을 재구성하는 새로운 언어이자 인프라다.

과거의 사회가 '신뢰할 만한 중개자'를 세우는 방식으로 작동했다면, 앞으로의 사회는 '중개자 없이도 신뢰할 수 있는 구조'를 만드는 방향으로 이동하고 있다. 중앙이 멈추면 모든 것이 멈추던 시대에서, 어느 한 곳이 멈추더라도 시스템이 작동하는 시대가 열린 것이다.

이 새로운 사회에서 살아남기 위해서는 단순히 기술을 활용하는 수준에 머물러서는 안 된다. 기술이 어떻게 작동하는지, 신뢰의 구조가 어떻게 설계되는지에 대한 이해와 감각이 필요하다. 개인과 조직은 블록체인을 단순한 수단이 아니라 새로운 신뢰 질서를 읽고 설계하는 도구로 바라봐야 한다.

인터넷이 정보의 소유권과 흐름을 바꿨듯이, 블록체인은 신뢰의 소유권과 작동 방식을 바꾸고 있다. 정보의 시대가 지나고, 신뢰의 시대가 열리고 있다. 그리고 이 전환의 흐름을 먼저 이해하고 움직이는 자만이 다가올 사회의 주체가 될 수 있다.

블록체인 시대의 삶과 일의 변화

블록체인은 결코 기술의 이름이 아니다. 우리가 살아가는 삶의 방식과 일의 구조를 바꾸는 거대한 전환점이 됐다. 지금까지 금융, 신원, 창작, 노동은 모두 중앙 기관과 중개자를 통해서만 가능했지만, 이제 개인이 스스로 주체가 되는 시대가 다가오고 있다. 먼저 금융 생활의 변화다. 블록체인 기반의 금융 생태계에서는 은행을 거치지 않고도 실시간 송금과 투자, 대출이 가능하다. 글로벌 금융 접근성이 비약적으로 높아지고, 개인은 자신의 자산을 직접 관리하며 자유롭게 금융 활동을 할 수 있게 된다. 과거처럼 금융기관의 승인을 대기하지 않아도 된다.

신원 인증 방식도 근본적으로 바뀐다. 하나의 디지털 지갑이 주민등록증, 운전면허증, 각종 증명서를 대체하며, 개인이 자신의 신원 정보를 직접 소유하고 통제하는 시대가 열린다. 신원 확인의 권한이 중앙에서 개인으로 이동하면서, 불필요한 행정 절차와 개인정보 유출의 위험이 크게 줄어든다. 창작 활동 또한 새로운 국면을 맞는다. 예술가와 콘텐츠 창작자는 더 이상 플랫폼이나 중개자에 의존하지 않고, 전 세계 소비자와 직접 연결될 수 있다. NFT와 스마트 컨트랙트는 창작자가 자신의 저작권과 수익을 스스로 관리할 수 있는 새로운 생태계를 만들어가고 있다. 작품은 디지털 공간에서 안전하게 거래되고, 로열티도 자동으로 창작자에게 돌아간다.

마지막으로 노동과 계약의 풍경도 달라진다. 근로 계약, 프리랜서 계약, 프로젝트 계약이 모두 스마트 컨트랙트를 통해 자동으로 체결 및 이행될 수 있다. 신뢰를 증명하기 위해 변호사나 중개자를 거칠 필요가 줄어들며, 전 세계 누구와도 손쉽게 협업할 수 있는 환경이 만들어진다. 이처럼 블록체인은 기술의 발전을 넘어 삶의 질서와 일의 방식 자체를 다시 쓰는 혁신의 언어가 되고 있다. 과거의 세상이 중앙을 중심으로 움직였다면, 다가올 사회는 개인이 신뢰의 중심이 돼 움직이는 시대다.

'작은 시작'이 미래를 만든다

모든 혁신은 언제나 거창한 계획이 아닌 작은 시작에서 출발한다. 인터넷도 처음에는 소수 연구자들의 네트워크에 불과했지만, 그 작은 연결이 결국 전 세계를 움직이는 거대한 인프라로 성장했다. 블록체인 역시 마찬가지다. 혁신의 첫걸음은 기술의 복잡함이 아니라 작은 체험과 실천에서 비롯된다.

개인이라면 디지털 지갑을 만들어보는 단순한 시도에서 출발할 수 있다. 기술의 감각은 직접 몸으로 익혀야 한다. 기업이라면 한 가지 업무 프로세스에 블록체인을 적용해보는 것만으로도 조직의 사고방식이 바뀌고, 새로운 가능성이 열릴 수 있다. 정부와 공공 부문 역시 한 가지 행정 절차를 블록체인 기반으로 전환하는 작은 실험이 향후 사회 전체의 변화를 이끄는 촉매가 될 수 있다.

거대한 변화는 언제나 작은 실천에서 시작된다. 처음의 한 걸음이 곧 방향이 되고, 방향이 미래를 만든다. 무엇보다 중요한 것은 먼저 발을 내딛는 용기다. 블록체인의 시대는 준비된 이들이 만드는 것이 아니라 작은 시작을 두려워하지 않는 이들이 열어갈 것이다.

블록체인을 받아들이는 자세

기술은 인간의 의지와 상관없이 발전한다. 인터넷이 그랬고, 스마트폰이 그랬으며, 지금의 인공지능이 그렇다. 블록체인도 예외가 아니다. 기술의 진보는 멈출 수 없기에 그것을 두려워하거나 회피해서는 안 된다. 중요한 것은 어떻게 받아들이고 활용할 것인가다. 이처럼 미래를 준비하는 힘은 기술을 마주하는 우리의 자세에서 비롯된다.

먼저 배우는 자세가 필요하다. 기술을 완벽히 이해하려 애쓰는 것보다 흐름을 읽고 자연스럽게 익숙해지려는 태도가 중요하다. 거대한 변화는 복잡한 이론이 아니라 변화를 감지하는 감각에서 시작된다. 다음으로 실천하는 자세가 필요하다. 아무리 많은 지식을 쌓아도 행동하지 않으면 변화는 나의 것이 되지 않는다. 작은 실험과 경험을 통해 자신만의 적용 지점을 찾는 과정이야말로 기술을 '나의 언어'로 만드는 첫걸음이다.

  마지막으로 협력하는 자세가 필요하다. 블록체인은 결코 혼자서 모든 것을 해결하는 기술이 아니다. 네트워크와 협력해 변화를 만들어가는 기술이 바로 블록체인이다. 개인과 기업, 공공과 시민이 연결될 때 비로소 진정한 전환이 일어난다. 기술의 물결은 피할 수 없다. 그러나 그 파도 위에 올라타는 것은 각자의 선택이다. 배움과 실천, 협력의 자세를 가진 이들만이 블록체인 시대의 주체로 서게 될 것이다.

2부

블록체인 기술의 핵심 이해

01

블록과 체인의 개념

블록체인은 거창한 마법이 아니다. 일정 시간 동안 발생한 여러 거래를 하나의 '블록'으로 묶고, 그 블록을 앞선 블록과 끊기지 않게 연결하며, 이 사슬을 여러 참여자가 함께 보관할 뿐이다. 그러나 이 단순한 구조가 신뢰를 기술로 구현하는 토대를 마련했다.

신뢰를 기술로 구현한 약속

블록체인은 납으로 금을 만들려고 했던 연금술사의 비법도 아니고, 데이비드 카퍼필드가 보여주는 세기의 마술도 아니다. 블록체인은 일정 시간 동안 일어난 여러 거래를 하나의 '블록'으로 묶고, 그 블록을 앞선 블록과 끊기지 않게 연결하며, 이 사슬을 여러 참여자가 함께 소유하고 있을 뿐이다. 겉보기엔 단순한 구조이지만, 바로 이 단순함이 기술적 혁명이라고 할 수 있다. 블록체인은 누가 지시하지 않아도, 누구에게 승인받지 않아도, 네트워크에 참여한 모두가 스스로 '하나의 진실'을 만들어낼 수 있게 되었기 때문이다.

지금까지 인류는 신뢰를 사람과 제도 및 중앙 기관에 맡겨왔다. 은행이 거래를 보증했고, 정부가 화폐의 가치를 보장했으며, 플랫폼이 정보의 질서를 대신 관리했다. 그러나 블록체인은 처음으로 탈중화를 통해 신뢰를 기술로 구현했다. 인간의 개입 없이도, 중앙 기관의 통제 없이도 누구나 검증 가능한 방식으로 신뢰가 작동하도록 설계된 것이다.

이 단순한 사슬 구조 위에 기록된 수많은 블록은 단순한 데이터 묶음이 아니다. 그것은 '누구도 임의로 바꿀 수 없는 합의의 흔적'이며, '중앙이 사라져도 유지되는 신뢰의 기록'이다. 그래서 블록체인은 기술이면서 동시에 철학이다. 한 사람의 선언이 아닌, 모두의 합의로 만들어지는 진실. 그것이 블록체인이 세상을 향해 내놓은 조용한 혁명이라고 할 수 있다.

블록이란 무엇인가?

1부에서는 신뢰의 주체가 실물에서 국가로, 국가에서 금융기관으로, 그리고 금융기관에서 네트워크로 이동하게 된 흐름에 대해 살펴보았다. 2부는 그 네트워크가 실제로 어떤 구조로 신뢰를 저장하는가를 해부하는 단계다. 이때 무엇보다 먼저 짚고 넘어가야 하는 것이 있는데, 바로 '블록'이다.

많은 사람이 블록체인이라는 말을 들으면 곧바로 '탈중앙화', '합의 알고리즘', '스마트 컨트랙트' 같은 용어를 떠올린다. 하지만 이 개념들은 모두 '블록'이라는 기본 단위가 있어야만 성립한다. 블록을 이해하지 못하면 나머지는 직관에 머물 뿐이다.

블록을 한 문장으로 정의하면, 일정 시간 동안 발생한 거래와 그 거래의 맥락을 하나로 묶어 '이 시점의 사실'이라고 선언한 단위라고 말할 수 있다. 이 선언이 여러 번 반복되면 시간의 흐름이 형성되고, 그 흐름 속에서 순서가 생기며, 순서가 생기면 위변조를 탐지할 수 있게 된다. 그러니까 블록은 단순한 데이터 덩어리가 아니라 '합의된 시점'이라고 보는 편이 더 정확하다.

블록이 '사슬'이 되는 과정

블록은 완결된 기록 단위이지만 혁명의 본질은 이 블록들이 서로 연결되는 방식에 있다. 하나의 블록이 만들어질 때, 그 안에는 단순히 거래 데이터만 들어 있는 것이 아니다. 그 블록의 마지막에는 앞선 블록의 지문, 즉 해시^{hash}라는 디지털 서명이 담긴다.

이 해시는 이전 블록의 모든 내용을 압축한 결과물로, 단 하나라도 값이 바뀌면 전혀 다른 값이 생성된다. 이 때문에 누군가 과거의 블록을 수정하면, 그 뒤의 모든 블록의 해시가 연쇄적으로 달라져 사슬 전체가 무너진다. 이 구조가 바로 블록체인(Block + Chain)이다.

블록은 '시간 속의 사실'을 담고, 체인은 '사실 간의 연속성'을 보장한다. 마치 일기의 한 페이지 한 페이지가 모여 한 사람의 삶의 흐름을 남기듯, 블록체인은 수많은 거래의 조각들을 하나의 '디지털 연대기'로 엮어낸다. 여기서 중요한 것은, 이 연결이 어떤 중앙의 통제도 없이 이루어진다는 점이다.

새로운 블록은 네트워크의 참여자 다수가 검증하고, 합의가 이루어져야만 체인에 추가된다. 이 검증과 합의의 과정이 바로 블록체인의 심장이라 불리는 '합의 알고리즘'이다. 다수의 합의가 하나의 진실을 만든다는 점에서, 블록체인은 집단의 합의로 완성된 기록 체계라고 할 수 있다.

결국, 블록이 사슬이 되는 순간 신뢰는 한 단계 더 진화한다.

이제 신뢰는 사람이나 제도에 의존하지 않는다. 시간의 흐름 속에 기록된 사실들, 그리고 그 사실들을 서로 이어주는 수학적 증명 위에 서 있게 된다. 이것이 블록체인이 만든 신뢰의 자동화, 그리고 디지털 시대의 새로운 사회계약이다.

블록과 사슬의 작동 과정

블록 하나를 확대해서 들여다보면, 내부에는 보통 네 가지 핵심 요소가 들어 있다. 그 구성은 단순하지만, 이 네 가지가 모여 하나의 신뢰 단위를 완성한다.

첫째, 트랜잭션(거래) 목록이다. 블록의 가장 기본적인 내용으로, 이 안에는 실제로 일어난 데이터가 담긴다. 비트코인의 경우 '누가 누구에게 몇 BTC를 보냈는가'가 기록된다. 행정 서비스라면 '누가 어떤 서류를 발급했는가', '어떤 소유권이 어떻게 바뀌었는가'가 기록된다. 이 항목이 블록의 내용이자 '사실의 본문'에 해당한다.

둘째, 타임스탬프(생성 시각)이다. 이 값은 블록이 만들어진 정확한 시간을 나타내며, 모든 블록이 시간의 흐름 속에서 순서를 유지하도록 돕는다. 블록체인에서 시간은 단순한 기록이 아니라 위변조를 판별하게 해주는 질서의 기준이다.

셋째, 이전 블록의 해시값이다. 이는 '나는 앞에 있는 저 블록과 연결돼 있다'는 일종의 서명이다. 이전 블록의 해시를 포함함으로써 블록은 스스로 앞선 기록과 끊김이 없이 이어지고 있음을 증명한다. 이 구조 덕분에 각각의 블록은 고립되지 않고, 하나의 사슬chain을 이루게 된다.

넷째, 현재 블록의 해시값이다. 이 값은 블록 전체의 내용을 해시 함수에 통과시켜 얻은 고유한 결과물이다. 블록의 내용이 조금이라도 바뀌면 이 해시값은 전혀 다른 값으로 변한다. 따라서 현재 블록의 해시는, 뒤이어 생성될 블록들이 이전 기록이 그대로 유지되고 있다는 사실을 검증할 수 있는 기준점이 된다.

이 네 가지 요소는 서로 긴밀하게 얽혀 있다. 거래 목록이 '무엇이 일어났는가'를 말해주고, 타임스탬프가 '언제 일어났는가'를 알려주며, 이전 블록의 해시가 '어디에서 이어졌는가'를 보여준다. 그

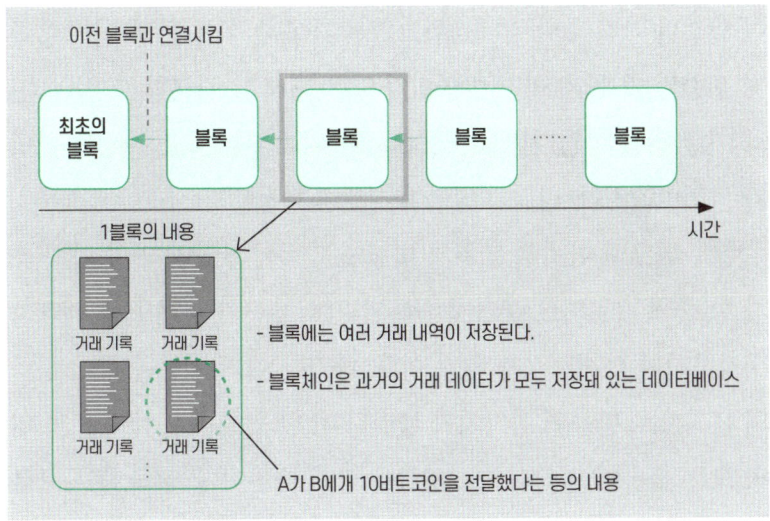

리고 현재 블록의 해시가 '이 기록이 진짜인가'를 증명한다. 덕분에 블록체인이 신뢰를 기술로 구현할 수 있게 된 것이다.

블록을 묶어서 기록하는 이유

그렇다면 거래가 생길 때마다 한 줄씩 바로 기록하면 되지, 왜 일부러 모아서 블록으로 만들까? 그 이유는 세 가지로 요약할 수 있다. 첫째, 검증 비용을 줄이기 위해서다. 거래가 일어날 때마다 맞는 거래인지 네트워크 전체가 동시에 확인하려 든다면 너무 많은 연산이 필요하고, 그만큼 속도가 느려진다. 그래서 블록체인은 여러 거래를 일정량 모아 한 번에 검증함으로써 효율을 높이고 자원을 절약하는 것이다.

둘째, 네트워크의 리듬을 맞추기 위해서다. 비트코인은 대략 10

분에 한 번, 이더리움은 수 초 단위로 새로운 블록이 만들어진다. 이 일정한 간격이 바로 네트워크의 박자이며, 이를 통해 '이번 블록에 포함된 거래'와 '아직 반영되지 않은 거래'를 구분할 수 있다. 만약 이런 리듬이 없다면 거래들은 무작위로 흩어지고, 순서와 합의가 무의미해진다. 리듬이 있어야 신뢰가 형성된다.

셋째, 뒤로 돌아가서 고치기 어렵게 만들기 위해서다. 만약 거래가 한 줄씩 따로따로 흩어져 기록된다면, 누군가 몰래 특정 거래를 수정하거나 삭제하기가 훨씬 쉽다. 하지만 여러 거래를 묶어 하나의 블록으로 만들면 이야기가 달라진다. 한 블록이 조작되면 그 뒤의 모든 블록이 연쇄적으로 영향을 받기 때문이다. 결국, 블록으로 묶는다는 것은 조작의 비용을 기하급수적으로 높이는 장치이자, 신뢰의 저항력을 강화하는 방법이다.

▶ 각각의 블록이 사슬처럼 이어진 구조

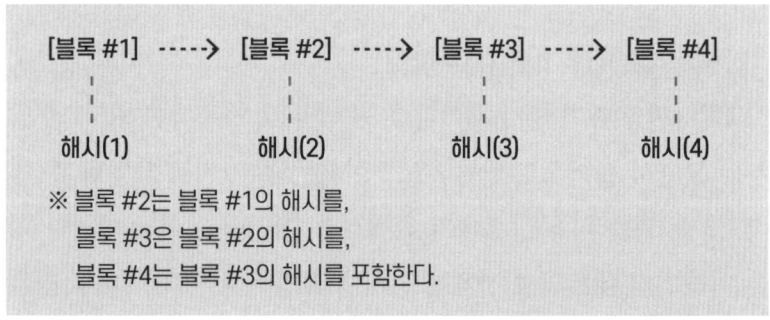

이 그림에서 보듯이, 블록체인 구조의 놀라움은 이렇게 이루어진다. 누군가 블록 #2 안의 거래 하나를 슬쩍 바꾼다. → 블록 #2의 해시가 완전히 달라진다. → 블록 #3 안에 들어 있던 '이전 블록 해시'와 맞지 않게 된다. → 블록 #3의 해시도 다시 계산해야 한다. → 블록 #4도 다시 계산해야 한다.

따라서 뒤에서 살짝 바꾸는 것이 사실상 불가능해진다. 뒤에 이어진 블록들을 전부 다시 만들어야 하고, 그동안 네트워크가 계속해서 새로운 블록을 쌓아가고 있기 때문이다. 이게 바로 '사슬처럼 잇는다'라는 말의 기술적 의미다. '이 기록은 바꾸면 안 됩니다'라고 말로 하는 것이 아니라, 구조적으로 바꾸면 티가 나게 만드는 것이다.

여기서 한 가지 더 중요한 요소가 나타난다. 시간성이다. 사회에서 일어나는 많은 분쟁은 '누가 먼저였느냐', '기준이 언제냐'에서 나온다. 부동산 이중매매, 콘텐츠 원저작자, 특허 선출원, 학위/수료 시점 등은 모두 시간이 관여된 문제다. 블록체인은 이를 아주 직접적으로 처리한다. ① 먼저 기록된 블록이 기준이다. ② 나중에 들어온 블록은 먼저 것 뒤에만 설 수 있다. ③ 뒤에 있는 블록은 앞을 절대 끊을 수 없다.

즉 블록체인은 시간을 되감지 못하는 장부라고 볼 수 있다. 일반 데이터베이스는 관리자가 마음만 먹으면 업데이트로 데이터값을 덮어쓸 수 있다. 블록체인은 덮어쓰는 대신 새로 쌓는다. 이 방식은 행정이나 공공, 교육, 의료처럼 '기록의 변천이 곧 권리'인 영역에 아주 잘 맞는다.

예를 들어 학생부를 생각해보자. 중학교 2학년 때 기록한 출결사항을 3년 뒤에 슬쩍 바꾸는 것이 가능하면, 그 기록 전체의 신뢰가 무너진다. 블록체인처럼 '기록을 덮지 말고 그대로 두고, 정정 사유를 다음 블록으로 남겨라'라는 식으로 접근하면 어느 것이 원본이고 어느 것이 수정본인지가 아주 명확해진다.

▶ 블록체인 기록 흐름 전체 개념도

(1) 여러 거래 발생
⇩
(2) 노드가 거래들을 모아 '블록' 후보 생성
⇩
(3) 블록 헤더에 '이전 블록 해시' 포함
⇩
(4) 합의 절차(채굴, 검증, 승인)를 거침
⇩
(5) 체인 끝에 붙임
⇩
(6) 전체 노드가 동일한 새 체인 상태를 보관

이 그림에서 알 수 있듯, 블록체인은 '거래 → 묶기 → 이전과 잇기 → 모두가 복제'라는 네 단계를 거친다. 이 네 단계를 머릿속에 넣어두면 이후 03장에서 다룰 해시, 암호화, 합의가 왜 필요한지, 04장의 퍼블릭과 프라이빗을 왜 나누는지, 05장의 스마트 컨트랙트가 왜 '이 위에서' 돌아가야 하는지에 대한 질문들이 자연스럽게 따라온다.

02

분산원장 기술이란 무엇인가?

분산원장은 기술의 이름이 아니라 신뢰에 대한 인간의 태도를 바꾸는 철학이다. 우리는 오랫동안 '중앙'이라는 단 하나의 진실에 기대어 살아왔다. 왕의 명령, 성경의 구절, 법전의 조항, 중앙은행의 수치 등. 그 진실은 언제나 한 곳에 있었다. 그러나 블록체인은 묻는다. '진실이 반드시 한 곳에 있어야 하는가?'

분산원장, 신뢰를 인간에게 되돌려주는 구조

분산원장은 진실을 해체하고, 신뢰를 나누는 기술이다. 모든 참여자가 같은 기록을 나눠 들고, 그 기록이 서로를 증명한다. 어느 하나의 권위가 진실을 보증하는 것이 아니라 모두가 함께 진실을 조합해낸다.

이것은 근대 이후 서구 철학이 말해온 '중심의 해체', 즉 프랑스 철학자 자크 데리다 Jacques Derrida가 제시한 '탈중심화 decentering', 미셸 푸코 Paul-Michel Foucault가 탐구했던 '권력의 분산적 네트워크'와 닮아 있다. 분산원장은 신뢰를 권력의 수단이 아니라 공유의 구조로 바꾼다. 하나의 거대한 중앙 서버가 아닌, 수많은 노드가 서로를 비추는 거울의 우주 속에서 진실은 더 이상 '주어지는 것'이 아니라 합의돼 존재하는 것이 된다.

철학적으로 말하면, 분산원장은 존재의 방식을 바꾸는 기술이다. 신뢰가 '위로부터 내려오는 것'에서 '옆으로 흘러가는 것'으로 바뀐다. 기술은 결국 인간이 서로를 믿는 방식을 닮는다. 블록체인은 신뢰를 기계에 맡기는 기술이 아니라 신뢰를 다시 인간에게 되돌려주는 구조다.

하나의 장부가 아닌, 모두의 장부

분산원장 기술은 말 그대로 장부가 흩어져 있는 구조다. 기존의 금융 시스템이나 행정 시스템은 하나의 중앙 서버가 모든 기록을 관리했다. 은행의 데이터베이스, 정부의 행정망, 기업의 ERP 시스템이 모두 그렇다. 하지만 이 구조에는 한계가 있다. 중앙이 공격받거나 손상되면 전체가 마비된다. 단일 실패점, 즉 한 곳이 멈추면 모두 멈추는 세상이었다.

블록체인은 이 문제를 근본적으로 바꾸었다. 하나의 장부가 아닌, 모두의 장부를 만드는 방식으로 모든 참여자가 동일한 데이터를 나눠 들고 서로의 기록을 검증하며 신뢰를 유지한다. 한 곳에서 오류가 발생하더라도 전체의 합의로 원본이 복원된다. 이것이 분산원장의 가장 단순하지만 가장 혁명적인 구조다.

'기록의 진실성'을 재설계하다

분산원장은 기술적으로 보면 데이터베이스의 일종이다. 그러나 단순한 저장 기술이 아니다. 핵심은 기록의 '무결성^{Integrity}'과 '검증 가능성^{Verifiability}'이다. 하나의 거래가 발생하면 네트워크의 모든 노드가 이를 동시에 검증한다. 모두가 같은 기록을 공유하기 때문에 어느 한 곳의 조작이 전체 합의를 깨뜨릴 수 없다. 이 구조 덕분에 신뢰는 중앙의 보증이 아니라 구조적 합의로 대체된다.

예를 들어, A가 B에게 1코인을 전송한다고 하자. 과거에는 은행이 이 거래를 승인해야 했다. 하지만 분산원장에서는 수많은 노드가 동시에 이 거래의 진위를 검증하고, 합의가 이루어지면 거래가 블록에 기록된다. 이후에는 누구도 그 기록을 바꿀 수 없다. 이것이 '검증 가능한 진실의 사슬'이다.

신뢰의 철학이 기술로 구현되다

분산원장은 단순히 거래 기록을 분산 저장하는 기술이 아니다.

그 안에는 철학적 전환이 숨어 있다. 데리다가 말한 '탈중심화'처럼, 진실의 중심이 사라지고 다수의 참여자가 진실을 구성하는 구조다. 푸코가 말한 '권력의 네트워크'처럼, 신뢰는 더 이상 하나의 권력에 속하지 않는다.

과거의 사회는 '기록을 통제하는 자'가 권력을 가졌다. 은행은 거래를, 정부는 시민 정보를, 기업은 소비자 데이터를 독점했다. 그러나 분산원장은 이러한 권력 구조를 재편한다. 이제 신뢰는 '한 사람의 손'에 있지 않고, '모든 참여자들의 합의' 속에 존재한다. 기술이 인간의 권력을 다시 공동체로 돌려준 셈이다.

신뢰의 공공재를 만드는 기술

분산원장의 본질은 신뢰의 공공화다. 한 기관의 승인이 필요했던 구조에서 벗어나, 모든 참여자가 스스로 검증할 수 있는 구조를 만든다. 이는 곧 '신뢰의 민주화'라 할 수 있다. 이제 진실은 중앙의 명령이 아니라 다수의 합의로 만들어진다.

행정 서비스의 분산화를 시도한 우리나라의 사례를 살펴보자. 대한민국 정부는 2023년 이후 '공공데이터 블록체인 시범사업'을 추진했다. 부동산 거래, 교육 이력, 복지 기록 등 공공데이터의 위변조 방지를 위해 분산원장을 기반으로 한 데이터 무결성 검증 시스템을 도입한 것이다. 만약 주민등록 데이터가 손상돼도, 블록체인 네트워크를 통해 원본 상태로 즉시 복원할 수 있다. 이는 신뢰의 독점을 정부가 내려놓고, 기술이 대신 증명하는 첫 시도였다.

복제된 신뢰의 세계

분산원장은 모든 노드가 같은 장부를 보유하므로 하나의 데이터가 수백, 수천 개로 복제돼 존재한다. 이것을 단순히 복제로 보아서는 안 된다. 이는 '복제된 신뢰$^{Replicated\ Trust}$'의 체계다. 모든 복제본이 서로를 감시하고, 일치함으로써 신뢰를 유지한다. 하이데거$_{Martin\ Heidegger}$는 기술을 '세계의 드러남'이라 했다. 그의 말처럼 분산원장은 신뢰를 드러내는 새로운 방식이다. 보이지 않던 권력의 기록 구조를 밖으로 꺼내고, 그 신뢰의 과정을 모두가 볼 수 있게 만든다. 이것은 투명성의 기술이자 감춰진 권위를 비추는 철학적 거울이다.

▶ 중앙 집중형 시스템과 분산원장 시스템 비교

구분	중앙집중형 시스템	분산원장 시스템
신뢰 주체	정부, 은행, 기관 등	네트워크 참여자 전체
구조	중앙 서버 집중	노드 간 분산 저장
오류 발생 시	전체 장애 가능	개별 복구 가능
정보 접근	제한적, 불투명	개방적, 검증 가능
보안성	단일 지점 취약	위변조 사실상 불가능

이 표는 분산원장이 기술적 구조의 차이를 넘어 신뢰의 작동 방식을 완전히 바꾸는 전환임을 보여준다. 과거의 신뢰가 '중앙의 선언'이었다면, 이제의 신뢰는 '네트워크의 합의'다.

국내 공공 사례, 행정안전부와 한국인터넷진흥원

행정안전부와 한국인터넷진흥원(KISA)은 2024년부터 주민등록,

지적 정보, 부동산 거래 등 공공데이터의 무결성 검증 시스템을 블록체인 기반으로 실험하고 있다. 이는 대전 국가 전산망 화재 사고 (2025년 9월) 이후, 단일 서버 구조의 위험성을 해소하기 위한 조치였다.

모든 데이터를 여러 노드에 분산 저장함으로써 한 곳이 마비되더라도 다른 곳에서 복구가 가능하다. 즉 분산원장은 단순한 효율성이 아니라 국가 신뢰의 안정성을 설계하는 기술로 자리잡아가고 있다. 이것은 행정 시스템의 철학적 변화, 즉 '통제에서 검증으로, 위탁에서 자율로'의 전환이라 할 수 있다.

디지털 공동체의 기록 방식

분산원장은 기술적으로는 블록체인의 핵심 구조이지만 사회적으로 보면 디지털 공동체의 기억 시스템이다. 모든 블록은 하나의 '시간의 조각'이고, 그 조각들이 연결돼 '기억의 사슬'을 만든다. 각자의 컴퓨터가 하나의 두뇌가 돼 인류의 거래, 계약, 약속을 함께 기억한다.

이것은 인간 문명 초기에 돌판에 새기던 기록의 복원처럼 보인다. 그러나 그 돌판이 전 세계로 확장된 형태다. '진실이 누구의 손에도 묶이지 않고, 모두의 기억 속에 나뉘어 존재한다'는 것이 분산원장의 인간학적 의미다.

분산원장은 결국 기술의 이름을 단 철학이다. 그것은 인간이 서로를 믿는 새로운 문법을 제시한다. 과거의 신뢰가 '나는 너를 믿는다(I trust you)'였다면, 지금의 신뢰는 '우리는 함께 검증한다(We

verify together)'로 바뀌었다. 블록체인은 신뢰를 감정의 문제가 아
닌, 구조의 문제로 바꾸었다. 감정은 흔들릴 수 있지만 구조는 지속
된다. 그래서 블록체인은 기술적 신뢰를 통해 인간적 신뢰를 회복
하는 역설적인 도구가 된다.

　이와 같이 분산원장은 인류가 신뢰를 설계하는 방식을 바꿔놓았
다. 중앙의 권위에서 다수의 합의로, 수직적 질서가 수평적 네트워
크로 바뀐 것이다. 결국 블록체인은 '신뢰의 공기'가 된다. 눈에 보
이지 않지만, 모든 사회 시스템을 지탱한다.

　진실이 한 곳에 묶이지 않고 흩어져 있을 때, 우리는 처음으로 진
실을 함께 지키는 시대에 도달한다. 다시 말하자면, 분산원장은 기
술이 아니라 인간 사회가 신뢰를 관리하는 새로운 언어 체계다. 그
것은 하나의 서버가 아니라 수많은 마음이 만든 기록이며, 권력의
도장이 아니라 합의의 지문으로 작동한다. 결국 블록체인은 '신뢰
의 분산'을 넘어 '존재의 분산'을 구현한다. 그 속에서 인간은 다시
금 자신이 만든 기술과 철학의 중심에 선다.

03

해시와 암호화,
합의 알고리즘의 기초

블록체인은 단순한 기술이 아니다. 해시는 기억의 압축이고, 암호화는 진실을 지키는 비밀이며, 합의는 다수가 선택한 동의의 철학이다. 해시와 암호화, 그리고 합의 알고리즘은 숫자로 신뢰를 번역하고, 인간의 오래된 질문, 즉 '무엇을 믿을 것인가'에 대한 디지털 시대의 새로운 답이 된다.

숫자를 신뢰로 증명하는 세 가지 약속

블록체인은 모두가 장부를 들고 있는 구조만으로는 완전하지 않다. 그 장부가 진짜인지, 그 내용이 누군가의 손을 거치며 변하지 않았는지, 그리고 여러 사람이 동시에 각자의 진실을 내세울 때 무엇을 '공식의 진실'로 받아들일지를 결정하는 규칙이 필요하다.

이 세 가지 물음의 빈칸을 채우는 기술이 바로 해시, 암호화, 합의 알고리즘이다. 표면적으로는 계산식과 알고리즘처럼 보이지만, 그 이면에는 인간이 오랜 세월 탐구해온 세 가지 신뢰의 원리가 숨어 있다. 기억, 비밀, 그리고 동의가 핵심이다.

해시는 일종의 '기억의 방식'으로, 과거의 모든 흔적을 압축해 단 하나의 수로 남긴다. 잊지 않되, 복잡하게 늘어놓지 않는다. 한 글자만 바뀌어도 전혀 다른 기억이 되듯, 해시는 '기억의 진정성'을 보장한다. 모든 블록이 앞선 기억을 품고 있기 때문에 시간의 흐름은 결코 조작될 수 없다.

암호화는 '비밀의 기술'로 불린다. 누구나 들여다볼 수 있지만, 아무나 바꿀 수는 없다. 정보를 감추기 위해서가 아니라 진실이 함부로 훼손되지 않도록 하기 위해 존재한다. 고대의 밀봉된 편지가 왕에게만 열리듯, 디지털 시대의 암호화는 '존중받아야 할 경계'를 세운다.

합의 알고리즘은 '동의의 철학'이라고 할 수 있다. 진실은 한 사람이 정하지 않는다. 다수의 확인과 참여를 통해 한 줄의 기록이 세상의 공식이 된다. 여기서 신뢰는 권위가 아니라 '과정'으로부터 태어난다. 모두가 같은 규칙 안에서, 같은 시각에, 같은 계산으로 하나의 결과에 도달할 때 비로소 그 결과는 진실이 된다.

따라서 블록체인의 이 세 기술은 신뢰를 숫자로 번역하는 세 단계의 약속이라 할 수 있다. 기억이 흐름을 만들고, 비밀이 질서를 지키며, 동의가 진실을 세운다. 해시와 암호화, 합의 알고리즘은 결국 인간이 기술을 통해 다시 써 내려간 '디지털 시대의 윤리학'인 셈이다.

왜 '기초 기술'이 필요한가?

2부 01장에서는 거래를 묶어 블록을 만들고, 그 블록을 앞뒤로 잇는 블록체인의 구조에 대해 살펴봤다. 02장에서는 그 블록을 한 곳에 두지 않고, 여러 참여자에게 똑같이 나누어주면 중앙 없이도 진실을 보존할 수 있다는 것도 확인했다. 그런데 여기서 다음 질문들이 자연스럽게 따라온다.

'여러 개가 복사돼 있다면, 진짜는 어떤 걸 기준으로 하지?'

'중간에 누가 살짝 바꾼다면 어떻게 알아채지?'

'모두가 같은 장부를 갖고 있다고 했는데, 동시에 두 개의 블록이 만들어지면 누가 이겨?'

'내가 보냈다고 적혀 있는 거래가 정말 내가 보낸 것이라는 걸 시스템은 어떻게 알까?'

이 질문에 답하지 못하면, 블록체인은 그냥 여러 군데에 복사해 둔 데이터베이스에 불과하다. 그래서 블록체인은 세 가지 기초를 반드시 함께 쓴다. 바로 해시와 암호화, 합의 알고리즘이다.

해시란 '이 데이터가 수집 시점 이후 변경되지 않았음을 증명하는 지문'이라고 볼 수 있다. 암호화^{Cryptography}란 '이 거래가 정말 그 사람에게서 왔음을 보여주는 서명'이다. 합의 알고리즘^{Consensus} ^{Algorithm}은 '모두가 똑같이 들고 있는 여러 기록 중 무엇을 공식 기록으로 삼을지 정하는 룰'이라고 정의하면 이해가 쉽다. 그리고 이 세 가지 기초 요소는 사실 하나의 서사 구조를 갖는다. ① 해시로 '기록의 변조 불가성'을 확보한다. ② 암호로 '보낸 사람의 진짜 의사'를 증명한다. ③ 합의 알고리즘으로 '네트워크 전체의 하나의 진실'을 만든다. 즉 기록 → 신원 → 선택의 3단계라고 볼 수 있다. 이 개념에 관해 좀더 자세히 다뤄보자.

해시, 기록에 찍는 디지털 지문

해시는 블록체인에서 가장 많이 등장하지만, 막상 설명하려고 하면 말이 꼬이는 개념이다. 간단히 말해서 해시는 임의의 크기를 가진 데이터를 고정된 크기의 요약값으로 바꿔주는 수학적 함수다. 조금 더 감각적으로 말하면, 데이터의 모양을 한눈에 알아보게 해주는 디지털 지문이다.

예를 들어보자. '나는 오늘 10시에 커피를 마셨다'라는 문장을 해시에 넣으면 'a1b3…'와 같은 값이 나온다.

'나는 오늘 10시에 커피를 마셨다!' 뒤에 느낌표 하나만 붙여도 전혀 다른 값이 나온다. 글자 하나만 달라져도 해시값은 완전히 다른 얼굴을 갖는다고 보면 쉽게 이해할 수 있다. 이런 특성을 '민감성$^{Avalanche\ effect}$'이라고 한다. 블록체인은 이 성질을 이용해서 '이 블록은 그때 그 내용 그대로임'을 증명한다.

블록 안에는 거래 목록, 시간, 이전 블록의 해시 등 많은 정보가 들어 있다. 이 정보를 통째로 해시 함수에 넣어 '이번 블록의 고유한 값'을 만든다. 이 값이 바로 '이 블록은 이 상태가 원본입니다'라는 서명 역할을 한다. 누가 예전 블록으로 돌아가 거래 하나만 바꾸려 해도, 그 순간 그 블록의 해시가 달라지고, 그 블록의 해시를 포함한 다음 블록의 해시도 달라져서 사슬 전체가 "이상하다!"라고 외치게 된다.

그래서 해시는 과거를 잠그는 기술이라고 표현할 수 있다. 사람이 '기록 바꾸지 마!'라고 규칙을 적어두는 것이 아니라 수학이 '바꾸면 다 티 나게 돼 있어'라고 구조적으로 못 박는 것이다.

머클 트리, 많은 거래를 한꺼번에 증명하는 방법

블록체인에는 많게는 수천, 수만 건의 거래가 한 블록 안에 들어간다. 그런데 이 모든 거래가 변조되지 않았다는 걸 어떻게 빠르게 증명할까? 여기서 등장하는 구조가 '머클 트리^{Merkle Tree}'다. 머클 트리는 여러 거래의 해시를 나무 모양으로 묶어 맨 위에 단 하나의 해시, '머클 루트^{Merkle Root}'를 만든다. 블록 헤더에는 이 머클 루트만 올라간다. 즉 '이 블록 안에 들어 있는 모든 거래의 합이 바로 이 값이다'라는 식이다.

이런 구조는 모바일 환경이나 노드가 가벼워야 하는 환경에서 필수적인 구조라고 볼 수 있다. 좀 쉽게 비유하자면, 책 전체를 안 펼쳐도 차례와 페이지 번호만으로 내가 원하는 문장이 그 책 안에 있는지 확인하는 방식과 비슷하다.

암호화, '이 거래는 내가 한 게 맞다'는 서명

해시가 '이 기록은 중간에 안 바뀌었음'을 보장한다면, 암호화는 '이 기록을 만든 사람이 진짜 그 사람임'을 보장한다. 블록체인은 주로 공개키 암호화^{Public Key Cryptography} 방식을 쓴다. 구조는 단순하다. ① 열쇠가 두 개 있다. 하나는 공개키(모두에게 알려져도 됨) ② 다른 하나는 개인 키(본인만 갖고 있어야 함)라고 보면 된다.

내가 어떤 거래에 내 개인키로 서명을 하면, 그 거래는 '이건 그 공개키와 짝을 이루는 사람이 보낸 것'임을 증명할 수 있다. 중요한 점은 검증은 모두가 하는데, 서명은 한 사람만 할 수 있다는 것이다. 이게 기존 아이디나 비밀번호 방식과 다른 점이다. 비밀번호는 서버가 가지고 있지만, 공개키 암호화는 서버가 없어도, 플랫폼이 없어도 서명 검증이 가능하다. 이 구조 덕분에 블록체인은 특정 회사나 정부에 의존하지 않고 '이 지갑 주소가 진짜 이 사람이 맞는지'를 확인할 수 있다. 사람을 믿는 것이 아니라 수학을 믿는 것이다.

국내 공공기관에서도 이 구조가 유용하게 쓰이는데, 바로 신원 확인, 증명서 발급, 학력 진위 확인 같은 영역이다. 지금까지는 '정부가 발행했으니 맞음'이었는데 블록체인 위에서는 '이 키로 서명되었으니 맞음'이 된다. 즉 기관이 보증하는 것에서 구조가 증명하는 것으로 옮겨가는 것이다. 에스토니아가 의료 및 행정 데이터에 이 구조를 도입해 정부가 해킹당해도, 데이터 위변조는 불가하다는 신뢰를 구축했던 이유도 여기에 있다.

합의 알고리즘, 모두 같은 페이지를 보게 만드는 규칙

이제 마지막 퍼즐 조각이 남았다. 해시로는 '안 바뀌었음'을 증명했고, 암호로는 '보낸 사람이 맞음'을 증명했다. 그렇다면 이제 네트워크는 "좋아, 그럼 이 블록을 우리 체인에 '공식 기록'으로 넣자"라고 말한다. 그런데 문제는 여기서부터다. 블록체인은 전 세계 수천, 수만 대의 컴퓨터가 동시에 돌아간다.

어떤 순간에는 서로 다른 두 명이 "내가 만든 블록이 정답이야"라고 주장할 수 있다. 또 어떤 순간에는 네트워크가 분리돼 A 그룹과 B 그룹이 서로 다른 체인 길이를 가질 수도 있다. 이럴 때 누구 말을 들을지 정하는 룰이 필요하다. 그 룰이 바로 '합의 알고리즘'이다. 합의 알고리즘은 블록체인마다 조금씩 다르지만 대체로 이런 역할을 한다고 생각하면 된다.

간단하게 개념을 정의하면, 합의 알고리즘은 ① 모두가 따라야 할 '하나의 진실'을 고르는 규칙 ② 그 진실을 고를 때 공격자가 이기기 어렵게 만드는 장치 ③ 참여자가 네트워크를 지키는 대가로 보상을 받게 하는 인센티브 구조라고 보면 된다. 현재 가장 널리 알려진 것은 작업증명(PoW, Proof of Work)과 지분증명(PoS, Proof of Stake) 이 두 가지다.

PoW, 일한 만큼 인정받는 방식

작업증명은 비트코인이 채택한 방식이다. 이 방식은 아주 직관적이다. 아주 어려운 수학 퍼즐을 가장 먼저 푼 사람에게 블록을 추가할 권리를 준다. 그리고 그 대가로 보상을 지급한다. 여기서 중요한 것은 퍼즐의 목적이 '똑똑함 테스트'가 아니라는 점이다. 이 퍼즐은 일부러 어렵게 만들어서 ① 누군가 과거 블록을 바꾸려고 하면 ② 그 뒤의 블록을 몽땅 다시 계산해야 하고 ③ 그동안 정직한 참여자(채굴자)들이 계속 새 블록을 쌓고 있어 ④ 결과적으로 '조작하는 쪽'이 '정직한 쪽'을 따라잡기 어렵게 만든다.

PoW는 신뢰를 계산량으로 방어하는 방식이다. 많은 전기와 컴퓨팅 파워가 필요하므로 경제적으로 말이 안 되는 공격을 막는 구조다.

PoS, 담보를 걸고 말하는 방식

지분증명은 이렇게 묻는다. '꼭 많은 전기를 태워야만 신뢰를 만들 수 있을까?' 그래서 PoS는 그 네트워크의 토큰을 많이 들고 있는 사람에게 블록 제안과 검증의 우선권을 준다. 생각은 단순하다. ① 그 네트워크를 많이 보유한 사람일수록 ② 그 네트워크의 평판이 떨어지는 걸 원치 않을 것이므로 ③ 그들이 검증을 맡으면 경제적 이해가 곧 '보안 동기'가 된다. PoS는 에너지 효율이 높고 속도가 빨라 퍼블릭 블록체인들이 많이 채택하는 중이다. 하지만 여기에는 '지분이 많은 자가 영향력이 커지는 것 아니냐'는 거버넌스적 논쟁도 함께 따른다. 그래서 실제 현장에서는 PoS + 위임구조(DPoS), 또는 PoS + 랜덤성을 섞어 쓰기도 한다.

왜 이렇게까지 복잡한가

여기서 독자가 가질 수 있는 질문은 이것이다. '중앙 서버 하나 두면 끝나는 것을 왜 이렇게까지 여러 단계를 밟나?' 답은 간단하다. 중앙 서버 하나만 두면, 그 서버를 믿어야 하기 때문이다. 블록체인은 바로 이 '믿어야만 하는 구조'를 빼려고 고안됐다.

그래서 사람을 믿는 대신 해시로 '기록이 안 바뀌었음'을, 암호화로 '이 거래가 진짜임'을, 합의 알고리즘으로 '네트워크가 같은 진실을 보고 있음'을 증명하도록 설계한 것이다. 이렇게 보면 블록체인은 '믿어라'가 아니라 '확인해봐라'라고 말하는 시스템이다. 신뢰를 강요하지 않고, 검증을 제공한다. 이것이 디지털 시대의 신뢰 문법이다.

예를 하나 들어보자. 2025년 대전 국가정보자원관리원 화재처럼 중앙 인프라가 한 번에 멈추면 그 서버를 믿고 있던 수많은 행정 서비스가 동시에 멈춘다. 이것은 기술의 문제가 아니라 합의 구조가 중앙에만 있었기 때문이다. '저 서버가 가진 데이터가 진짜다'라는 합의 말이다.

에스토니아는 반대로 갔다. 중앙 서버를 쓰되, 데이터 진본은 분산원장에 기록해서 중앙은 편의를 위해 쓰고, 진짜는 네트워크에서 증명하는 구조를 만들었다. 이것은 블록체인의 합의 구조를 행정에 맞게 가져온 사례. 우리에게 주는 교훈은 분명하다. 앞으로의 행정·금융·교육 데이터는 하나의 서버가 아니라 하나의 합의 위에서 돌아가야 한다는 것.

세 기술의 연결 고리

▶ 해시와 암호화, 합의 알고리즘 역할 비교

단계	기술	무엇을 보장하나	왜 필요한가
1	해시	기록이 안 바뀌었다	과거 위변조 방지
2	암호화(서명)	보낸 사람이 맞다	위조 거래 방지
3	합의 알고리즘	모두 같은 기록을 본다	포크, 중복 기록 방지

이 표에서 보듯이, 블록체인은 하나의 기술이 아니라 '신뢰를 조립하는 3개의 층'이다. 1층에서 데이터의 무결성을, 2층에서 행위주체의 진위를, 3층에서 네트워크의 일관성을 확보한다. 이 세 층이 맞물려야 1부에서 말했던 그 거대한 문장, 즉 '신뢰가 중앙에서 네트워크로 이동했다'는 말을 비로소 기술적으로도 말할 수 있게 된다.

04

퍼블릭 VS 프라이빗 블록체인

누구에게나 열린 광장과, 신분을 확인한 뒤 특정 구성원만 들어 갈 수 있는 회의실은 다르다. 둘 다 기록과 합의를 목적으로 하지만, 문턱과 운영의 원리는 다르다. 퍼블릭은 개방을 통해 검증을 얻고, 프라이빗은 통제를 통해 성능과 안정성을 확보한다. 해답은 어느 한쪽이 아니라 '문맥에 맞는 설계'에 있다.

퍼블릭 VS 프라이빗 블록체인 정의와 구분

블록체인의 세계는 두 가지 모델로 구분된다. 하나는 퍼블릭 블록체인(Permissionless)으로, 누구나 참여할 수 있는 열린 광장에 비유된다. 다른 하나는 프라이빗 혹은 컨소시엄 블록체인(Permissioned)으로, 허가받은 구성원만 들어갈 수 있는 회의실이다. 둘 다 목적은 같다. 데이터를 기록하고, 참여자 간 합의를 이끌어낸다. 그러나 문턱과 운영의 원리는 다르다.

퍼블릭 블록체인은 '열린 신뢰'의 철학 위에 세워졌다. 모두에게 문이 열려 있고, 권력은 중앙에 머무르지 않는다. 익명의 참여자들이 스스로 규칙을 정하고, 그 합의를 데이터에 새긴다. 이 구조는 마치 민주주의의 축소판 같다. 시간은 느리지만, 과정은 투명하다. 어떠한 권력도 미칠 수 없기 때문에, 신뢰는 제도보다 합의의 절차 속에서 자라난다. 퍼블릭 블록체인은 완전한 개방을 통해 검증을 얻는다. 누구든 노드가 될 수 있고, 누구나 거래를 읽고 쓸 수 있다. 비트코인이나 이더리움처럼 검열에 저항하며, 무허가로도 새로운 혁신을 실험할 수 있는 구조다.

반면 프라이빗 블록체인은 '책임 있는 신뢰의 현실' 위에 선다. 모든 참여자가 신원을 드러내고, 규정에 따라 움직이며, 효율과 관리의 언어로 신뢰를 설계한다. 그곳에서 합의는 민주적이라기보다 행정적이며, '열린 광장'이 아닌 '운영되는 조직'의 질서를 닮았다. 프라이빗 혹은 컨소시엄 블록체인은 초대와 허가를 전제로 한다. 참여자와 검증자가 사전에 정해져 있으며, 폐쇄적 구조를 통해 성능과 안정성을 확보한다. 수천 TPS 이상의 처리 속도를 낼 수 있고, 거래의 일부만 선택적으로 공개하여 감사와 규제 준수를 용이하게 한다. 행정, 공급망 관리, 금융 백오피스 등 책임성과 효율이 중요한 영역에 주로 쓰인다.

결국 어느 한쪽이 정답은 아니다. 퍼블릭은 신뢰를 '개방'에서 얻고, 프라이빗은 신뢰를 '통제'에서 얻는다. 진짜 해답은 그 둘의 대립이 아니라 문맥에 맞는 설계, 즉 상황에 맞는 신뢰의 구조를 선택하는 지혜에 있다.

퍼블릭의 미덕과 한계

퍼블릭 블록체인은 인간 사회가 오래 꿈꿔온 열린 질서의 실험이다. 누구나 참여할 수 있고, 누구도 배제되지 않는다. 신분이 없어도, 국경이 달라도 단 한 줄의 거래 기록은 모두에게 똑같이 열린다. 이 구조는 기술의 진보라기보다 철학의 진화다. 신뢰를 권력으로부터 해방시키려는 시도가 바로 퍼블릭 블록체인의 출발점이다.

이 열린 구조가 가진 첫 번째 미덕은 '검열 저항성'이다. 누구도 중앙에서 거래를 지울 수 없고, 어떤 권력도 불편한 기록을 덮을 수 없다. 개인의 송금이든 사회의 진실이든, 블록체인에 올라간 데이터는 참여자 모두의 장부 속에 복제돼 살아남는다. 이것은 정보가 권력의 통제를 벗어나 구조적으로 실현된 첫 사례다.

두 번째 미덕은 보편적 검증 가능성이다. 모든 거래가 공개돼 있으므로 누구든 원하면 그 진위를 직접 확인할 수 있다. '누구를 믿느냐'의 문제가 아니라 '무엇을 확인하느냐'의 문제로 바뀐다. 이 변화는 신뢰의 구조를 인간에서 수학으로, 권위에서 알고리즘으로 이동시켰다. 셋째, 퍼블릭은 네트워크 효과를 통해 스스로 확장한다. 참여자가 많아질수록 데이터의 신뢰도는 높아지고, 거래의 효율성도 함께 높아진다. 마지막으로, 국경을 초월한 접근성 역시 큰 장점이다. 지갑 하나만 있으면 전 세계 어디서든 같은 블록체인에 접속할 수 있다. 블록체인은 화폐 이전에 '접속의 평등'을 구현한 기술이다.

그러나 퍼블릭 블록체인이 완전한 답은 아니다. 그 미덕의 이면에는 분명히 현실적 한계가 있다. 가장 큰 문제는 개인정보와 기밀데이터 처리의 어려움이다. 누구나 읽을 수 있다는 장점은 동시에 아무도 숨길 수 없다는 제약이 되기도 한다. 행정 문서, 의료 기록, 기업의 계약서처럼 법적·윤리적으로 공개할 수 없는 데이터는 퍼블릭 체인 위에 직접 기록하기 어렵다. 또한 안정된 성능을 확보하기 어렵다는 점도 실무적 난관이다. 거래량이 몰릴 때마다 수수료가 급등하고 처리 속도는 순간적으로 불안정해진다.

특히 공공 서비스처럼 안정적 응답 속도가 필수인 영역에서는 '열린 시스템'이 오히려 장애 요인이 되기도 한다. 이런 이유로 우리나라를 비롯한 많은 국가에서는 퍼블릭을 그대로 도입하기보다 하이브리드 패턴을 선택한다. 즉 모든 원본 데이터를 퍼블릭 체인에 올리지 않고 오프체인이나 프라이빗 영역에 데이터를 보관한 뒤, 그 요약 정보(해시값)와 생성 시각(타임스탬프)만 퍼블릭에 남기는 방식이다. 이 구조를 흔히 '블록체인 봉인sealing'이라 부른다.

예를 들어, 정부가 발급하는 토지 소유권 증명서를 생각해보자. 문서 전체를 퍼블릭에 올리면 개인정보가 노출된다. 그러나 문서의 해시값만 퍼블릭에 기록하면 누구든 '이 문서가 언제, 어떤 형태로 발급되었는가'를 검증할 수 있다. 문서의 내용은 프라이빗 영역에 보관되고, 퍼블릭에는 그 존재의 '지문'만 새겨진다. 이 방식은 투명성과 기밀성 사이의 균형점을 찾으려는 실무적 지혜다.

결국 퍼블릭 블록체인의 미덕은 '열림'에 있고, 그 한계는 모든 것을 다 열 수는 없다는 현실에 있다. 따라서 중요한 것은 한쪽을 선택하는 것이 아니라, 열림과 닫힘 사이의 문턱을 설계하는 일이다. 신뢰의 기술은 문을 여는 기술이기도 하지만, 적절히 닫을 줄 아는 기술이기도 하다.

프라이빗의 미덕과 한계

프라이빗 블록체인은 통제 속의 신뢰를 지향한다. 누구나 들어올 수 있는 광장 대신, 초대받은 사람만이 들어설 수 있는 회의실을 택한 셈이다. 여기서는 '누가 참여할 수 있는가'가 곧 신뢰의 전제다. 신원을 확인하고 권한을 부여하며, 네트워크 전체는 관리자가 책임진다. 그만큼 속도와 안정성, 그리고 규정 준수가 보장된다.

첫 번째 미덕은 예측 가능한 성능이다. 참여자가 한정돼 있으므로 합의 과정이 단순하고 처리 속도가 빠르다. 비트코인이 초당 수십 건의 거래를 처리하는 동안, 프라이빗 체인은 수천 건의 트랜잭션을 소화한다. 이 특성 덕분에 금융 백오피스, 물류, 행정 시스템 등 정확성과 즉시성이 필요한 영역에서 널리 쓰인다.

두 번째 미덕은 규제와 감사에 대한 적합성이다. 참여자와 권한이 명확하게 구분되므로 감사 추적, 기록 관리, 보안 정책 적용이용이하다. 예를 들어, 은행 간 송금 내역이나 병원 간 의료 데이터처럼 법적 통제가 필요한 정보는 퍼블릭보다 프라이빗 구조가 적합하다. 각 기관은 데이터 접근 권한을 세분화해 관리할 수 있고, 국가 규제기관은 언제든 기록을 검증할 수 있다.

세 번째 미덕은 조직 간 협업의 유연성이다. 프라이빗 체인은 경쟁 관계에 있는 기업이나 기관이 '공동의 진실'을 공유하기 위해 선택하는 타협지다. 예를 들어, 대형 유통사가 협력업체들과 물류 데이터를 공유할 때 중앙 서버 대신 프라이빗 블록체인을 활용하면 데이터 위변조를 막으면서도 참여 기업의 기밀은 지킬 수 있다. 이 구조는 '신뢰의 공동 생산'이라 부를 만하다.

그러나 프라이빗 블록체인 역시 완벽하지 않다. 가장 큰 한계는 중앙 의존성의 부활이다. 참여자는 제한돼 있고, 운영 주체가 존재한다. 따라서 네트워크의 신뢰가 기술보다는 운영기관의 신뢰에 다시 의존하게 된다. '탈중앙화의 이상'은 약화되고, 결국 '관리되는 신뢰'로 돌아온다. 또한 확장성 딜레마도 존재한다. 참여 기관이 많아질수록 규정과 권한 조정이 복잡해지고, 서로 다른 이해관계를 조율하는 비용이 커진다. 합의 과정은 빨라지지만, 협의 과정은 오히려 느려진다. 이 점에서 프라이빗 체인은 기술적으로는 빠르지만, 사회적으로는 여전히 사람의 합의를 필요로 하는 체계라 할 수 있다.

그래서 오늘날 많은 기관은 퍼블릭과 프라이빗의 경계에서 새로운 해법을 모색한다. 데이터의 일부는 프라이빗에 두고, 기록의 진위만 퍼블릭에 봉인하는 하이브리드 구조가 대표적이다. 정부 행정, 은행 간 정산, 대학의 학위 인증 등 공공성과 보안이 함께 요구되는 영역에서는 이 두 체계의 조합이 가장 현실적이다. 결국 프라이빗 블록체인의 가치는 '닫힘'에 있는 것이 아니라 '필요한 만큼의 열림'에 있다. 신뢰는 무조건적인 개방에서 생기지 않는다. 때로는 문을 잠그는 행위가 오히려 신뢰를 지켜내는 방법이 된다. 기술의 진보란, 닫히고 열리는 그 문턱을 얼마나 정교하게 설계하느냐의 문제일지도 모른다.

하이브리드, 두 세계를 잇는 설계

퍼블릭이 열림의 철학을, 프라이빗이 통제의 질서를 상징한다면 하이브리드 블록체인은 그 사이의 균형을 설계하는 기술이다. 모든 것을 공개하기엔 위험하고, 감추기엔 비효율적인 현실 속에서 하이브리드는 두 세계의 장점을 결합해 '필요한 만큼의 개방'을 구현한다.

가장 일반적인 형태는 봉인 구조다. 데이터의 원본은 프라이빗 영역이나 오프체인에 두고, 그 요약 정보(해시값)와 생성 시각(타임스탬프)만 퍼블릭 블록체인에 기록한다. 이 방식은 마치 공증 도장과 같다. 문서 전체를 공개하지 않아도, 도장이 찍혀 있으면 이 문서가 언제, 어떤 형태로 존재했는가를 누구나 검증할 수 있다.

예를 들어, 지방자치단체의 행정문서 시스템에서 주민등록등본 전체를 퍼블릭에 올릴 수는 없지만, 발급된 문서의 해시값과 발급 시각을 퍼블릭에 남겨두면 위변조 여부를 누구나 확인할 수 있다. 이 구조는 공공의 투명성과 개인정보 보호를 함께 충족시키는 현실적 대안이다.

또 다른 예는 공급망 관리(SCM) 분야다. 제품의 이동 경로나 원산지 정보는 프라이빗 영역에 저장하고, 각 단계의 인증 해시만 퍼블릭에 기록하면 소비자는 위조 없는 이력 전체를 추적할 수 있다. 생산자에게는 기밀을, 소비자에게는 신뢰를 보장하는 이중의 안전장치다.

(1) 앵커링^{Anchoring}: 신뢰의 고정

하이브리드 구조의 핵심은 앵커링이다. 프라이빗 체인의 상태 요약값^{State Root}이나 주요 해시를 주기적으로 퍼블릭 블록체인에 고정^{Anchoring}하면, 폐쇄된 시스템의 데이터가 '어떤 시점에 어떤 상태였는가'를 외부에서도 검증할 수 있다. 이는 마치 '배의 닻^{anchor}'처럼, 거대한 사설 체인이 퍼블릭이라는 바다에 스스로를 묶어두는 행위다. 이 한 줄의 앵커가 사적 신뢰를 공적 신뢰와 연결한다.

(2) 플라즈마·롤업(Layer 2): 신뢰의 위탁 구조

또 다른 접근은 플라즈마^{Plasma}와 롤업^{Rollup}으로 대표되는 Layer 2 구조다. 퍼블릭 블록체인은 모든 거래를 직접 처리하는 공간이 아니라 정산과 보증의 층으로 기능한다. 대량의 거래는 별도의 체인이나 오프체인에서 빠르게 처리하고, 결과 요약만 퍼블릭에 보고한다. 이로써 퍼블릭의 투명성과 프라이빗의 효율성을 동시에 얻는다. 다시 말해 퍼블릭은 진실을 증명하는 법원, 프라이빗은 일상을 운영하는 사무국의 역할을 맡는다.

(3) DID + 퍼블릭 봉인: 신뢰의 정체성 구조

하이브리드의 또 다른 응용은 분산 신원 인증(DID, Decentralized Identity)이다. 개인이나 기관이 신원·학력·경력 정보를 프라이빗 네트워크에서 발급·관리하고, 그 요약값을 퍼블릭에 봉인함으로써 위변조 없는 디지털 증명서로 활용한다. 예를 들어, 대학이 졸업증 명서를 프라이빗 체인에서 발행하고, 그 해시값과 발급 시각을 퍼 블릭에 남기면 졸업자는 누구에게나 자신의 증명을 제시할 수 있 고, 고용주는 퍼블릭을 통해 진위 여부를 즉시 검증할 수 있다. 이 구조는 신뢰의 분산과 책임의 명확화를 동시에 이룬다.

결국 하이브리드는 단순한 기술의 절충이 아니라 신뢰를 설계하 는 철학이다. 개방과 통제, 자유와 책임, 투명성과 보호 사이의 섬 세한 균형을 다루는 영역이다. 완전한 퍼블릭도, 완전한 프라이빗 도 현실의 복잡한 요구를 모두 담을 수 없다. 중요한 것은 어느 한 쪽을 고집할 것이 아니라, 어디까지 열고 어디서 닫을 것인가를 설 계하는 일이다. 하이브리드는 바로 그 문턱에서 태어난다.

닫힘을 통해 신뢰를 지키고, 열림을 통해 신뢰를 증명하는 기술. 그것이 오늘날 블록체인이 현실 속에서 작동하는 가장 인간적인 방식이다.

거버넌스, 누가 열쇠를 쥐는가

블록체인은 기술이지만 그 위에서 작동하는 질서의 설계는 언제 나 사람의 몫이다. 노드를 누가 운영하고, 검증자는 어떤 기준으로 뽑으며, 규칙이 바뀔 때 누가 결정권을 가지는가 등 이 모든 것은

'거버넌스'의 문제다. 거버넌스는 곧 신뢰의 열쇠를 누가 쥐는가를 묻는다. 먼저 검증자 선정의 기준이 필요하다. 단순히 기술적 능력뿐 아니라 책임성과 투명성, 법적 의무를 함께 고려해야 한다.

특히 공공·금융 분야에서는 '검증 노드'가 기술자뿐 아니라 '감사 주체'의 역할까지 맡게 된다. 따라서 운영기관은 기술적 역량 외에도 법적 책임을 질 수 있는 신뢰 구조를 갖추어야 한다. 다음은 키^{Key} 관리다. 하나의 개인 키는 곧 시스템의 생명줄이기에 관리 방식이 곧 보안 수준을 결정한다. HSM^{Hardware Security Module}이나 멀티시그^{Multi-signature} 체계를 통해 하나의 키 분실이 전체 시스템의 위협으로 번지지 않도록 해야 한다. 또한 사용이 끝난 키는 폐기하고, 책임이 이관될 때는 '키 상속 절차'를 명문화해야 한다. 열쇠는 손에서 손으로 넘어가지만, 신뢰는 끊기지 않아야 한다.

마지막은 프로토콜 업그레이드다. 합의 규칙이 바뀔 때 어떤 절차로 표결할 것인지, 오류나 공격이 발생했을 때 롤백 기준을 어디에 둘 것인지, 사전에 정의하지 않으면 위기의 순간 혼란이 발생한다. 거버넌스의 강점은 기술이 아니라 예측 가능한 의사결정의 질서에 있다.

(1) 체크리스트, 공공·금융 도입 전 점검

공공·금융 기관은 블록체인을 도입하기 전에 다음의 다섯 가지를 반드시 점검해야 한다.

첫째, 데이터 등급 분류다. 공개 가능한 정보와 부분 공개, 비공개 데이터를 구분해야 법적·윤리적 위험을 줄일 수 있다.

둘째, 합의 유형과 선택 이유를 명확히 해야 한다. BFT, IBFT, PoS 중 어떤 구조가 조직의 책임 체계에 맞는가를 검토해야 한다.

셋째, 장애 및 재해 복구 시나리오를 준비해야 한다. 여러 지역(리전)에 노드를 분산하고, 네트워크가 일시 중단되더라도 신속히 복원할 수 있는 프로세스가 필요하다.

넷째, 앵커링 주기와 법적 효력을 연계해야 한다. 퍼블릭 체인에 얼마나 자주 해시를 봉인할지, 그 주기가 행정 기록의 효력과 어떻게 연결되는지를 정해야 한다.

다섯째, 개인정보 및 민감정보의 처리 경계를 설계해야 한다. 필요하다면 영지식증명$^{Zero\text{-}Knowledge\ Proof}$ 같은 기술을 적용해 데이터를 공개하지 않고도 검증이 가능한 구조를 마련해야 한다.

거버넌스란 결국 기술을 둘러싼 합의의 문화를 세우는 일이다. 열쇠를 쥔 손이 누구인지보다 그 손이 어떤 원칙으로 움직이는가가 중요하다.

(2) 사례 스케치, 맥락 속의 블록체인

블록체인의 가치는 기술 자체가 아니라 맥락 속의 적용에서 드러난다. 다음 세 가지 사례는 공공과 산업 현장에서 하이브리드 모델이 어떻게 현실화되는지를 보여준다.

첫째, 공급망 컨소시엄이다. 발주에서 생산, 통관, 물류, 리테일까지 모든 시점의 기록을 해시로 봉인하면 한 상품의 이력이 하나의 체인처럼 연결된다. 문제가 발생했을 때 원인을 즉시 추적할 수 있어 리콜이나 위해 관리에 걸리는 시간을 획기적으로 줄인다.

둘째, 행정 무결성 레지스트리다. 공문서가 발급될 때마다 그 해시와 발급 시각을 퍼블릭 체인에 봉인하고, 원본은 기관 내부 저장소에 둔다. 국민은 퍼블릭 레이어에서 문서의 시간과 무결성만 확인할 수 있다. 내용은 보호하고, 존재는 공개하는 행정 신뢰의 새로운 구조다.

셋째, 금융 백오피스다. 거래 기관 간의 상호 확인과 분쟁 조정 과정에 BFT 합의 구조를 적용해 모든 참여 기관의 데이터 일치성을 보장한다. 과거 T+2, T+1로 불리던 결제 시차가 즉시 정산(T+0)으로 단축되며, 신뢰와 속도가 동시에 확보된다.

기술보다 더 중요한 것은 누가, 어떤 규칙으로 신뢰를 다루는가다. 블록체인은 결국 기술의 문제가 아니라 합의의 문화라는 사실을 이 사례들이 보여주고 있다.

05

스마트 컨트랙트의 등장

블록체인은 단순히 거래를 기록하는 기술에서 출발했지만 이제는 '조건이 충족되면 스스로 실행되는 계약', 즉 스마트 컨트랙트로 확장됐다. 사람이 일일이 서명하지 않아도 코드가 약속을 이행한다. 신뢰를 '검증의 기록'에서 '자동 실행'으로 옮긴 기술. 그것이 바로 스마트 컨트랙트다.

약속을 코드로 바꾸다

블록체인은 처음엔 단순히 거래를 기록하는 도구였다. 그러나 이제 그 기록은 스스로 약속을 이행하는 의지를 품기 시작했다. 사람의 손이 아니라 코드가 약속을 지키는 기술, 그것이 스마트 컨트랙트다. 신뢰가 더 이상 서류나 서명에 머물지 않고, 조건이 충족되면 자동으로 움직이는 흐름으로 옮겨간 것이다. 인간이 서로를 믿는 대신, 우리가 함께 설계한 규칙이 우리를 대신해 약속을 지킨다. 기술은 차가워 보이지만, 그 안에는 믿음이 사라지지 않도록 하려는 인간의 열망이 숨어 있다.

스마트 컨트랙트를 한마디로 정의하면, 스스로 작동하는 계약이다. 일정한 조건이 충족되면 중개자나 기관의 승인이 없어도 프로그램이 자동으로 실행돼 계약이 이행된다. 이것은 1990년대 초 암호학자 닉 재보^{Nick Szabo}가 처음 제시한 개념이다. 그는 자동판매기^{Vending Machine}가 스마트 컨트랙트의 원형이라고 주장했다. 동전을 넣으면 자동으로 음료가 나온다. 사람의 개입 없이 약속이 실행된다. 이 단순한 구조가 바로 블록체인 위에서 디지털 계약의 형태로 부활한 것이다.

블록체인의 분산원장은 이 계약의 기록과 검증을 맡고, 스마트 컨트랙트는 그 기록을 조건 기반 실행으로 확장한다. 예를 들어, 상품이 배송 완료로 표시되면 자동으로 대금이 송금되는 식이다. 이제 계약은 문서가 아니라 코드다. 신뢰의 대상이 사람에서 알고리즘으로 이동한 셈이다. 스마트 컨트랙트의 등장은 '계약'이라는 인간의 오래된 제도를 다시 쓰는 사건이었다. 신뢰를 보증하던 변호사, 공증인, 은행의 역할이 이제 코드로 옮겨가기 시작했다. 이 변화는 단지 효율의 문제가 아니라 신뢰의 패러다임 전환이었다.

작동 원리와 구조, 신뢰의 자동화 구축

스마트 컨트랙트는 블록체인 위에서 동작하는 작은 프로그램이다. 이더리움은 이 개념을 현실화한 대표적 플랫폼으로서 솔리디티^{Solidity}라는 언어로 계약을 작성한다. 모든 코드는 블록체인에 배포돼 누구나 읽을 수 있고, 한번 등록되면 수정이 불가능하다. 즉 약속은 기록과 동시에 불변이 된다.

작동 방식은 간단하다. ① 계약 조건은 코드로 정의된다. ② 트리거^{trigger}가 발생하면 ③ 코드가 자동으로 실행돼 결과를 블록체인에 기록한다. 예를 들어, 보험 계약에서는 항공편이 지연되면 자동 보상 지급이 가능하다. 항공사 API가 지연 정보를 보내면 스마트 컨트랙트가 이를 인식해 고객 지갑으로 금액을 전송한다. 누가 승인하지 않아도 약속은 즉시 이행된다.

이처럼 스마트 컨트랙트는 자동화된 신뢰의 기계다. 그러나 코드가 완벽하지 않으면 문제가 생기는 불편함도 있다. 2016년 DAO 해킹 사건처럼 코드의 허점을 악용하면 의도치 않은 결과가 발생한다. '코드는 법이다'라는 원칙은 매력적이지만 그 법이 완벽히 작성돼야 한다는 전제가 따라붙는다. 따라서 스마트 컨트랙트의 세계에서 신뢰의 중심은 기술이 아니라 코드의 윤리와 검증 체계로 옮겨간다.

일상 속 스마트 컨트랙트의 확장성

스마트 컨트랙트는 이미 다양한 산업에서 현실화되고 있다. 가장 먼저 주목받은 분야는 금융(DeFi, 탈중앙금융)이다. 은행이 없어도 대출·예금·보험·스왑 거래가 가능하다. 예를 들어 사용자가 자산을 예치하면 스마트 컨트랙트가 이자를 계산하고 자동 분배한다. 모든 과정은 블록체인에 기록되고 누구나 확인할 수 있다. 공급망 관리에서도 스마트 컨트랙트는 투명성을 높인다. 상품이 통관을 마치면 자동으로 다음 단계가 진행되고, 결제 조건이 충족되면 즉시 송금된다. 사람의 판단이 개입하지 않으니 지연과 오류가 줄어든다.

문화·예술 분야에서는 창작자와 소비자를 직접 연결한다. NFT는 그 대표적 사례다. 작가가 작품을 등록하면 스마트 컨트랙트가 거래 기록을 보존하고, 2차 거래 시 로열티를 자동 분배한다. 중개 플랫폼이 사라진 자리에 '코드의 계약'이 창작자의 권리를 보호한다. 더 나아가 행정 서비스에서도 실험이 이루어지고 있다. 지방정부가 발급하는 증명서나 허가증을 스마트 컨트랙트로 발행하면 위조 방지와 실시간 확인이 가능하다. 이처럼 스마트 컨트랙트는 거래뿐 아니라 사회적 절차의 자동화로 확장되고 있다.

새로운 질서, 법과 인간 사이의 코드

스마트 컨트랙트의 등장은 기술이 법과 제도의 경계를 넘어서는 첫 사례였다. 과거에는 법이 기술을 통제했지만 이제는 코드가 법의 역할을 일부 대체한다. '계약은 사람이 쓴 문장이 아니라, 기계가 실행하는 조건이다.' 이 한 문장이 블록체인의 철학을 압축한다. 그러나 코드가 완전한 정의를 담을 수는 없다. 현실의 계약에는 해석과 예외가 있고, 때로는 인간의 판단이 개입해야 한다.

그래서 오늘날의 스마트 컨트랙트는 기술과 법의 경계에서 새로운 형태의 거버넌스를 만들어가고 있다. 인간의 언어와 코드의 언어가 만나 신뢰를 분담하는 시대가 열린 것이다. 결국 스마트 컨트랙트는 단지 프로그래밍 기술이 아니라 '신뢰를 설계하는 새로운 언어'다. 이 언어는 법률가에게는 규칙의 재해석을 제공하고, 개발자에게는 윤리의 책임을 요구한다. '사람이 기술을 통해 더 정직한 약속을 설계할 수 있는가?'라는 그 물음이 스마트 컨트랙트가 우리에게 남긴 가장 중요한 메시지다.

06

NFT·DAO·Web3와의
연결 고리

스마트 컨트랙트는 하나의 약속으로 시작했지만, 이제 그 약속 위에 새로운 디지털 생태계가 세워지고 있다. 곧 NFT는 소유의 방식을 제공하고, DAO는 조직의 개념을 만들었으며, Web3는 인터넷의 주권을 다시 쓴다는 점이다. 이 세 흐름은 모두 '신뢰의 자동화'라는 한 뿌리에서 자라난 가지들이다.

NFT, 소유의 증명에서 '관계의 기록'으로

NFT(Non-Fungible Token, 대체 불가능 토큰)는 스마트 컨트랙트가 만든 가장 상징적인 결과물이다. 이전의 디지털 파일은 복제와 위조가 쉬워서 '원본' 개념이 성립하지 않았다. 하지만 블록체인은 각 디지털 자산에 고유한 토큰 ID를 부여해 그 파일이 언제, 누구에 의해 만들어졌는지를 영구히 기록할 수 있게 했다. 말하자면 디지털 소유권이 탄생한 것이다.

그럼에도 NFT의 본질은 단순한 자산이 아니다. NFT는 관계의 기록이다. 어떤 팬이 어떤 예술가의 작품을 소유했고, 그 작품이 또 다른 사람에게로 어떻게 전해졌는지가 모두 블록체인 위에 남는다. 예술의 '흔적'이 아니라 '여정'이 기록되는 셈이다. 그 과정에서 창작자는 로열티를 자동으로 받으며, 소비자는 그 참여를 통해 새로운 정체성을 얻게 된다. NFT는 예술이 시장을 넘어서 공동체의 언어로 확장된 첫 디지털 유물이다.

DAO, 코드로 운영되는 조직의 실험

DAO(Decentralized Autonomous Organization, 탈중앙 자율조직)는 스마트 컨트랙트를 이용해 운영되는 새로운 형태의 조직이다. 이 조직에는 회장도, 이사회도 없다. 모든 의사결정은 블록체인에 등록된 규칙과 토큰을 보유한 구성원의 투표로 이루어진다. 규칙이 곧 헌법이고, 코드가 집행관이다.

DAO의 등장은 조직의 개념을 다시 묻는다. '조직은 사람의 합의로만 존재하는가, 아니면 코드 위에서도 유지될 수 있는가?' 예를 들어, 투자 DAO에서는 구성원이 토큰을 예치하고 스마트 컨트랙트를 통해 의사결정을 수행한다. 투표 결과에 따라 자금이 자동 분배되거나 프로젝트가 실행된다. 이 구조에서는 신뢰가 상명하달식 권위에서 벗어나 참여와 투명성의 원리로 작동한다.

물론 DAO에도 한계가 있다. 코드는 사람의 의도를 모두 담지 못하고 법적 책임의 주체도 불분명하다. 하지만 DAO는 '민주주의의 기술적 실험'이라는 점에서 의미가 있다. 합의의 과정이 종이 문서가 아닌 코드와 블록체인 위에서 이루어진다는 사실 그 자체가 인간 사회의 새로운 실험이다.

Web3, 인터넷의 주권을 되찾다

Web3는 NFT와 DAO가 함께 만드는 새로운 인터넷의 질서다. Web1이 '읽기^{Read}만 가능한 시대'였다면, Web2가 '읽고 쓰기$^{Read\text{-}Write}$'의 시대를 열었고, Web3는 '소유$^{Read\text{-}Write\text{-}Own}$'의 시대를 만들었다. 기존 인터넷에서는 플랫폼이 데이터를 소유했다. 우리가 서비스를 사용하는 대신 개인정보를 플랫폼에 넘겨주는 구조였다.

하지만 Web3에서는 이용자가 지갑^{Wallet} 하나로 자신의 데이터를 직접 관리한다. 디지털 정체성, 거래 내역, 창작물을 올 온 체인$^{all\ on\ chain}$ 방식으로 소유한다. 이제 인터넷의 주권이 기업에서 개인으로 이동한다.

스마트 컨트랙트는 이 Web3의 기본 언어다. 플랫폼 없이도 서비스가 돌아가고, 중앙 없이도 공동체가 유지된다. 콘텐츠 제작자는 NFT로 자신의 작업을 기록하고 DAO는 그것을 운영하며, 모든 과정은 스마트 컨트랙트가 자동으로 관리한다. Web3는 단순한 기술 진화가 아니라 '디지털 신뢰의 민주화'라는 사회적 전환이다.

세 가지가 그리는 미래, 연결의 철학

NFT, DAO, Web3는 구조는 서로 다르지만 모두 한 가지 질문으로 수렴한다. '누가, 무엇을, 어떻게 믿을 것인가?'

스마트 컨트랙트가 그 질문에 대한 해답의 첫 문장이었다면, NFT·DAO·Web3는 그 문장을 사회적 문단으로 확장한 셈이다. NFT는 개인의 창작과 정체성을 만들었고, DAO는 조직의 의사결정을 구축했으며, Web3는 인터넷 전체의 구조를 중앙 없이 신뢰할 수 있는 체계로 재설계했다. 이 세 가지는 각각의 기술이라기보다 신뢰를 분산하는 인간의 실험이다.

3부

실생활 속 블록체인 활용 사례

01
금융 혁신, 송금과 결제의 미래

인류의 역사는 '교환의 방식'이 진화해온 과정의 역사다. 조개껍데기를 주고받던 시대를 지나 금속화폐가 등장했고, 종이돈은 다시 신용카드로 진화했다. 그리고 이제 우리는 스마트 기기 화면 위에서 손끝 하나로 돈을 주고받는 시대에 살고 있다. 우리는 돈을 발행하는 국가, 그리고 그 국가가 보증하는 시스템을 신뢰한다. 하지만 그 신뢰가 무너지는 순간, 어떤 통화라도 화폐의 가치는 모래성처럼 무너진다. 결국 '화폐의 진화'는 곧 '신뢰의 진화'라고 볼 수 있다.

은행이라는 중개자의 시대

경제학자 존 메이너드 케인스$^{\text{John Maynard Keynes}}$는 "화폐는 인간이 서로를 신뢰하지 못하는 데서 태어난 제도다"라고 말했다. 우리는 돈을 발행하는 국가와 그것이 보증하는 시스템을 신뢰한다. 20세기 금융의 질서는 중앙의 신뢰 위에 세워졌다. 우리가 송금을 할 때마다 실제 돈이 오가는 것은 아니다. 단지 은행의 장부가 바뀌고, 시스템이 '전달됐다'라고 표시할 뿐이다.

눈앞에서 돈이 오가는 것이 아니라 '은행이 옮겨줬다'는 신뢰의 서명만 남는다. 경제학자 케네스 애로$^{\text{Kenneth Arrow}}$는 이를 두고 "신뢰의 매개가 사라지면 시장은 존재할 수 없다"라고 말했다. 그러나 이 중앙집중 구조는 이미 한계를 드러냈다. 국경을 넘어 송금할 때마다 중개 은행이 연결되고, 수수료는 눈덩이처럼 불어나며, 하루 이상 걸리는 전송 지연은 일상이 됐다.

게다가 금융위기 한 번, 시스템 해킹 한 번이면 신뢰의 기반이 송두리째 흔들린다. 2008년 9월, 세계 4대 투자은행 중 하나였던 리먼브라더스가 파산보호를 신청했다. 158년 역사를 자랑하던 금융 공룡의 붕괴는 단순한 기업의 실패가 아니라 '신뢰의 시스템'이 무너지는 순간이었다. 서브프라임 모기지라 불린 부실 주택담보대출이 연쇄 부도를 일으키며, 파생상품 시장 전반이 붕괴했고, 전 세계 은행 간 자금 흐름이 멈춰 섰다. 누구도 서로를 믿지 못했고, 하루 아침에 신뢰는 유동성을 잃었다. 화폐가 돌지 않자 경제도 멈췄다.

그때 인류는 깨달았다. 리먼브라더스 사태 이후, 많은 사람이 '은행을 믿는 구조' 대신 '은행을 감시해야 하는 구조' 속에서 살아야 하는 필요성을 인지하기 시작한 것이다. 나심 탈레브^{Nassim Nicholas} ^{Taleb}가 말했듯, '복잡한 시스템은 안정돼 보일수록 더 큰 붕괴를 준비한다'는 점에 주목해야 한다.

신뢰의 방향이 바뀐다

블록체인은 바로 이 '신뢰의 방향'을 전환시킨 기술이다. 과거에는 신뢰가 한 곳으로 모였다. 은행, 정부, 중앙은행처럼 보증하는 자가 있어야만 거래가 가능했다. 그러나 블록체인은 그 화살표를 완전히 뒤집는다. 이제 신뢰는 중앙에서 흘러나오는 것이 아니라, 네트워크 전체에 흩어져 있는 수많은 노드들이 공동으로 만들어내는 것이다. 하나의 은행이 아닌 수천, 수만 개의 참여자가 같은 장부를 나누어 들고, 서로를 감시하고 검증하며, 오류를 찾아내고 바로잡는다. 신뢰의 주체가 한 기관에서 사회 전체로 확장된 것이다.

이 구조를 하버드대의 로렌스 레식^{Lawrence Lessig}은 "코드가 곧 법이다(Code is law)"라고 요약했다. 즉 신뢰는 더 이상 사람의 약속이나 제도의 선언이 아니라 코드와 알고리즘이 작동하는 기술적 구조로 보증된다. 과거 금융이 '누가 옳다고 선언하느냐'의 문제였다면, 블록체인은 '모두가 같다고 인정하느냐'의 문제로 바뀌었다.

이 변화는 단순한 기술 혁신이 아니라 권력의 중심이 한 곳에서 모두로 이동하는 사건이다. 그동안 우리는 신뢰를 돈으로 샀다. 수수료를 내고, 중개인을 거치며, 국가가 찍은 보증인을 믿었다. 그러나 블록체인의 세계에서는 신뢰가 기술의 구조 속에 녹아 있다. '사람이 아니라 수학을 믿어라(Trust the math, not the man)'라는 말은 블록체인 시대의 새로운 금언이다. 이 말은 단순한 기술 찬양이 아니라 인간의 약속보다 수학적 합의가 더 정직할 수 있다는 깨달음이다. 신뢰는 더 이상 특정 기관의 금고 안에 갇힌 채로 존재하지 않는다. 그것은 이제, 모두가 함께 쓰는 장부 위에서 살아 있는 진실의 형태로 움직인다.

국경 없는 송금, 시간 없는 결제

블록체인이 불러온 첫 혁신은 송금과 결제의 구조 자체였다. 예컨대, 리플Ripple은 은행 간 송금을 블록체인으로 처리해 몇 초 만에 수수료가 거의 몇 원 수준으로 마무리되는 시대를 열었다. 그리고 2019년 2월, 제이피모건 체이스JPMorgan Chase는 세계 최초로 대형 은행이 직접 발행한 디지털 토큰 'JPM Coin'을 공개했다《포브스》 보도). 이 코인은 달러화에 1 대 1로 연동된 스테이블 토큰으로, 기관 간 송금과 결제를 허가형 블록체인 네트워크 안에서 실시간으로 처리하기 위해 설계됐다. 이 시도는 단순히 새로운 화폐를 만든 것이 아니라 글로벌 금융의 심장을 시간 제약으로부터 해방시키려는 실험이었다.

이 변화는 단순한 비용 절감의 문제가 아니다. 그것은 곧 '시간'이라는 장벽을 해체한 사건이었다. 하버드대 경제사학자 니얼 퍼거슨Niall Ferguson이 말했듯, 금융은 결국 시간의 거래다. 송금이 하루 늦어지면 기업의 자금 흐름이 막히고, 국제 결제가 지연되면 수출입이 멈춘다. 블록체인은 이 시간의 비효율을 제거한다. 거래가 이제는 '지금 이 순간' 이루어지고, 그 기록이 전 세계 노드에 동시에 복제된다. 국경을 넘어선 자금 흐름이 몇 초 안에 완료되고, 결제 확인서가 인공지능처럼 자동 생성된다. 이는 단순한 기술 혁신이 아니라 '지연 없는 경제'라는 새로운 질서의 탄생이다.

이제 우리는 국경의 제약을 받지 않는다. 지갑 하나, 네트워크 하나만으로 세계는 시간을 잃고, 돈은 즉시 움직인다. 중개자의 수수료는 눈덩이처럼 불어나지 않고, 결제는 더 이상 다음날 아침을 기다리지 않는다. 이 기술은 시간의 제약을 허물고, 지연 없는 신뢰를 설치한다. 그리고 그 신뢰는 더 이상 사람이 아닌 코드가, 시스템이 짧은 순간 안에 완성한다.

결국 블록체인은 단순히 돈을 빠르게 보내는 기술이 아니라 인류가 '신뢰의 속도'를 다시 정의한 문명적 전환점이다. 송금과 결제는 더 이상 금융 행위가 아닌, 시간을 파괴하고 공간을 무력화하는 새로운 문화의 언어가 됐다.

돈의 형태가 바뀌는 이유

이제 돈은 더 이상 손에 잡히지 않는다. 스마트폰 화면 속 숫자, 디지털 지갑의 코드, 블록체인 위를 오가는 암호화 자산이 새로운 화폐의 얼굴이 됐다. 경제학자 밀턴 프리드먼Milton Friedman은 1999년 인터뷰에서 이미 이렇게 말했다. "인터넷이 가져올 가장 큰 변화는 전자상거래가 아니라 정부가 통제할 수 없는 디지털 화폐의 시대일 것이다." 그의 예언은 20여 년이 지난 지금 현실이 됐다.

우리가 사용하는 화폐의 대부분은 이미 물리적 형태를 벗어나 디지털 신호로만 존재한다. 지갑 대신 스마트폰을, 현금 대신 지갑 앱을 사용하는 시대로 접어들었다. 그러나 이 변화의 본질은 단순한 '전자화'가 아니다. 신뢰의 주체가 바뀌는 것, 바로 그 지점에 진짜 혁명이 있다. 과거의 돈은 정부가 발행하고 은행이 유통했다. 국가는 화폐의 가치를 보증했고, 은행은 그 신뢰를 대신 전달했다.

하지만 블록체인 시대의 돈은 다르다. 이제는 개인과 네트워크가 그 역할을 나누어 가진다. 국가가 발행하지 않아도 참여자들의 합의와 알고리즘이 '가치의 증거'를 만든다. 신뢰가 중앙에서 기술로 옮겨가는 전환, 그것이 디지털 화폐가 불러온 가장 근본적인 변화다. 이 흐름 속에서 각국 중앙은행은 새로운 실험을 시작했다.

한국은행, 유럽중앙은행(ECB), 중국인민은행(PBoC), 미국 연준 (Fed) 모두 CBDC(중앙은행 디지털 화폐) 발행을 준비하거나 시범 운영 중이다. CBDC는 국가가 직접 발행하지만, 블록체인의 투명성, 추적성, 불변성을 일부 도입해 기존 통화 시스템을 현대화하려는 시도다. 이는 탈중앙 기술과 통화 주권의 절충이자 진화라 할 수 있다.

결국 중앙은행은 블록체인의 철학을 '통화정책의 언어'로 번역하고 있다. 완전한 탈중앙화와 안정된 통화질서, 자유와 규제 사이의 균형점을 찾기 위한 실험이 바로 CBDC다. 다시 말해, 정부가 기술을 통제하는 것이 아니라 기술이 신뢰의 방식을 재정의하며 국가 스스로 신뢰의 방식을 다시 배우는 과정인 셈이다. 화폐는 언제나 인간이 서로를 믿는 방식을 반영한다. 지금 돈이 바뀌는 이유는, 신뢰의 주체가 바뀌고 있기 때문이다.

개인의 권력, 금융의 민주화

블록체인의 진짜 힘은 금융의 주체를 다시 개인에게 돌려준다는 것이다. 은행이 문을 닫아도, 서버가 멈춰도, 네트워크는 지속된다. 이제 개인은 더 이상 금융의 소비자가 아니다. 자신의 지갑을 직접 관리하고, 스마트 컨트랙트를 통해 조건부 결제를 설계할 수 있다. 경제학자 프리드리히 하이에크^{Friedrich August von Hayek}는 《화폐의 탈국가화(The Denationalisation of Money)》에서 이렇게 말했다. "화폐의 독점은 자유의 적이다. 진정한 경쟁은 화폐 발행에서도 이루어져야 한다."

블록체인은 이 사상을 기술적으로 구현했다. 누구나 스스로의 화폐를 만들고, 자신의 계약을 자동 실행할 수 있는 세상이 열린 것이다. 이것이 바로 금융의 민주화다. 정보와 권한이 분산되고, 신뢰의 주체가 다수로 이동한다. 이 변화는 단순한 효율의 문제가 아니라 인간이 다시 신뢰의 주인이 되는 사건이다.

돈이 아니라 신뢰가 이동한다

미래의 결제는 단순히 자금이 오가는 행위가 아니다. 그것은 신뢰를 주고받는 과정, 즉 보이지 않는 사회적 약속의 교환이다. 우리가 전자지갑으로 커피를 결제하고, 블록체인 기반 송금으로 해외에 돈을 보낼 때 실제로 이동하는 것은 '돈'이 아니라 '디지털 신뢰'다. 그 신뢰는 코드와 암호학적 합의 위에서 작동하며, 중앙의 보증 없이도 유효성을 증명한다.

MIT 미디어랩의 알렉스 샌디 펜틀랜드^{Alex Sandy Pentland} 교수는 "데

이터가 새로운 돈이라면, 신뢰는 그 돈이 흐르는 혈류다"라고 말했다. 그의 말처럼 오늘날 경제는 단순한 거래의 총합이 아니라 신뢰의 순환 구조인 것이다. 신뢰가 막히면 데이터도 흐르지 않고, 데이터가 조작되면 신뢰도 붕괴한다.

블록체인은 이 순환의 혈관을 누구나 검증할 수 있도록 개발하는 기술이다. 결국 블록체인은 돈의 형태를 바꾼 기술이 아니라 돈을 믿는 방식을 재구성한 철학적 발명이다. 과거에는 은행과 정부가 신뢰의 대리인이었다면, 이제는 네트워크와 코드가 그 역할을 대신한다. 신뢰의 주체가 '제도'에서 '시스템'으로 옮겨갔고, 다시 '사회 전체'로 확장된 것이다.

이 변화가 완전히 자리잡게 되면 금융은 더 이상 소수 기관의 폐쇄적 시스템이 아니다. 모든 개인이 네트워크의 일부로 참여하는 사회적 계약의 장, 즉 '신뢰의 민주화'가 실현되는 무대가 된다. 철학자 유발 하라리 Yuval Harari는 "인류의 모든 경제는 결국 집단적 상상의 산물이다"라고 말했다. 블록체인은 그 상상 속 신뢰를 디지털로 실체화한 첫 번째 시스템이다.

'신뢰의 길'을 다시 그리다

누군가는 말했다. "돈은 사회가 서로를 믿는 방식의 총합이다." 이 말은 블록체인의 시대에도 여전히 유효하다. 달라진 것은 단지 '누구를 믿느냐'다. 이전에는 은행과 국가가 신뢰의 대리인이었지만, 이제 우리는 서로를 믿고, 그 신뢰를 검증하는 네트워크의 구조를 믿는다. 블록체인은 인간이 신뢰를 기술의 언어로 구현한 첫 문명적 실험이다. 그 중심에는 거래보다 관계가 있고, 계약보다 합의의 문화가 자리한다.

유발 하라리는 "돈이란 인류가 공유하는 가장 성공적인 허구다"라고 말했다. 그 허구의 문장을 지금 블록체인 기술이 새롭게 써 내려가고 있다. 하라리가 말한 허구란, 인간이 공동의 상상 속에서 신뢰를 합의해온 역사를 뜻한다. 국가의 신용, 종이 화폐의 숫자, 은행의 잔고 등은 모두 믿음이 있었기에 작동했다. 이제 블록체인은 그 믿음의 방식을 새로 디자인한다.

사회학자 니클라스 루만Niklas Luhmann은 "신뢰란 복잡성을 견디게 하는 사회적 메커니즘이다"라고 말했다. 중앙이 사라진 시대에 블록체인은 그 복잡성을 감당하는 새로운 질서를 만든다. 우리는 더 이상 중앙의 명령을 기다리지 않는다. 대신 네트워크의 합의를 통해 스스로 신뢰를 형성하고, 유지하며, 갱신한다.

신뢰는 이제 사회적 계약에서 기술적 프로토콜로 진화한 셈이다. 금융의 본질은 언제나 신뢰였다. 그러나 그 신뢰의 중심이 국가에서 네트워크로, 기관에서 개인으로, 다시 공유된 시스템으로 이동하고 있다. 이제 블록체인은 신뢰의 지도를 다시 그리고 있다. 그 지도 위에서, 사람과 기술, 개인과 사회가 서로를 향해 새로운 길을 낸다. '신뢰의 길'을 다시 그린다는 것은, 결국 인간이 스스로 믿음의 구조를 다시 설계한다는 뜻이다. 그 길의 끝에는 통화가 아닌 신뢰가 흘러가는 새로운 문명이 기다리고 있다.

02

인증과 신원 확인의 새로운 방식

'나는 누구인가'를 증명하는 일, 그 자체가 권력이다. 우리는 늘 타인의 승인 아래에서 자신을 증명해왔다. 나의 존재는 언제나 누군가의 서버 안에서만 유효했다. 블록체인은 이 구조를 뒤집는다. 신뢰의 중심이 제도에서 개인으로 이동하면서, '인증'은 통제의 장치가 아니라 자기 주권의 도구가 된다. 독일의 철학자 한나 아렌트 Hannah Arendt의 말처럼, 정체성은 관계 속에서 드러난다. 블록체인의 신원 관리 역시 관계의 기술이다. 그것은 데이터 속에서 인간을 잃지 않으려는 새로운 철학, 그리고 '존재를 증명하는 또 다른 방식'이다.

신뢰의 문 앞에서

우리가 매일 무심코 하는 일을 생각해보자. 스마트폰으로 본인 인증을 하고, 비밀번호를 입력하고, 휴대폰으로 문자를 받아 확인하는 행위를 반복한다. 이 모든 과정의 핵심에는 '나는 나다(I am who I claim to be)'라는 명제를 증명하는 구조가 있다. 신원을 확인하고 그것을 보증하는 주체는 늘 '타인'이었다.

정부, 은행, 기업, 학교, 병원, 그리고 플랫폼까지 우리가 살아가는 세계의 거의 모든 기관이 나의 신원을 대신 확인하고 보증한다. 주민등록번호, 계좌번호, 학번이나 사번 등은 물론이고, SNS 계정으로 우리는 '나'임을 입증받는다. 그 결과 우리의 존재는 언제나 누군가의 데이터베이스 속에서만 유효하다. 타인의 시스템이 작동해야 내가 존재를 증명할 수 있는 세계, 그것이 디지털 시대의 아이러니다.

한나 아렌트는 《인간의 조건》에서 "인간의 자유는 행위 이전에, 자신이 누구인가를 드러낼 권리에서 비롯된다"라고 말했다. 이 말은 단순한 철학적 언명이 아니라 오늘날 신원과 인증의 문제를 꿰뚫는 통찰이다. 자신을 스스로 증명할 수 없다는 것은, 곧 자유를 스스로 행사할 수 없다는 뜻이기 때문이다.

오늘의 우리는 이름과 얼굴, 나이와 이력까지도 제3자의 승인을 통해서만 존재를 증명받는다. '신원'은 나의 것이지만, 그것을 사용하는 권리는 언제나 타인의 손에 있다. 이러한 아이러니의 균열 위에서 블록체인은 새로운 패러다임으로 등장했다.

블록체인은 '신뢰의 문지기'를 제거하고, 자기 자신이 스스로를 증명하는 '자기주권 신원(SSI, Self-Sovereign Identity, SSI)'을 제안한다. 중앙의 데이터베이스가 아닌, 개인의 지갑 속에서 나의 자격과 신분이 관리되는 세계다. 한 개인이 스스로 자신의 존재를 증명할 수 있을 때, 비로소 신뢰의 구조가 재구성된다. 그것은 단순한 기술의 혁신이 아니라 인간이 자신을 증명할 수 있는 권리의 회복이다.

중앙집중의 신뢰, 그리고 그 부작용

현대 사회의 인증 체계는 중앙집중형 구조로 설계돼 있다. 은행은 계좌를 개설할 때 신분증을 요구하고, 포털 사이트는 회원가입 시 주민등록번호를 수집하며, 의료기관은 환자의 진료기록을 자체 서버에 저장한다. 이처럼 모든 데이터는 거대한 '중앙의 금고Central Vault'에 모인다. 개인은 각기 다른 기관에 신원을 맡겨야 하고, 기관은 이를 대리 보증한다.

표면적으로는 편리하고 효율적이다. 한 번의 로그인, 한 번의 본인 인증으로 수많은 서비스에 접근할 수 있기 때문이다. 그러나 신뢰의 효율이 높아진 만큼 위험 또한 집중됐다. 모든 신뢰가 한 곳에 쌓이는 순간, 공격의 표적도 명확해진다. 한 번의 보안 사고가 수백만 명의 개인을 동시에 위험에 빠뜨린다.

2021년 한국의 한 대형 카드사 고객정보 유출 사건에서는 약 1억 400만 건의 개인정보가 흘러 나가며 사회적 충격을 안겨주었다. 이 사건으로 이름, 주민등록번호, 전화번호, 카드 사용 내역까지 모두 유출됐다. 당시 피해자 대부분은 자신이 언제, 어떤 경로로 정보를 제공했는지도 몰랐다. '한 번의 승인'이 돌이킬 수 없는 노출로 이어진 것이다.

　비슷한 시기, 미국의 신용평가사 에퀴팩스^{Equifax} 역시 약 1억 4,000만 명의 개인정보를 유출했다. 단순한 해킹 사건이 아니라 신뢰 구조의 근본적 결함을 드러낸 상징적 사례였다. '중앙이 곧 신뢰의 근원'이라는 믿음이 얼마나 취약한지를 보여준 사건이었다. 개인의 신원이 한 기관의 서버에 저장돼 있는 한, 그 서버는 단일 실패점이 된다. 신뢰의 문이 하나뿐이라면, 그 문이 열리는 순간 모든 것이 쏟아져 나온다.

　더 심각한 문제는 권력의 비대칭성이다. 데이터를 소유한 기관은 이용자의 신원을 통제할 수 있다. 접속을 제한하거나, 계정을 정지하거나, 특정 정보에 대한 접근을 막는 것도 가능하다. 이는 단순한 기술적 통제가 아니라 존재의 승인권을 쥔 권력의 문제다. 나의 이름, 기록, 관계가 모두 중앙 서버의 행^{row}으로 존재할 때, 나는 스스로를 증명할 수 없는 존재가 된다. 신원은 나의 것이지만, 그 사용권은 타인에게 있다.

　이제 우리는 '편리함을 얻는 대신, 무엇을 잃고 있는가?'라고 묻지 않을 수 없다. 중앙집중형 신뢰는 빠르고 강력하지만, 그만큼 취약하다. 모든 신뢰를 하나의 문에 걸어둔 사회는 결국 한 번의 열쇠 분실로 무너진다. 블록체인의 철학은 이 지점에서 출발한다. 신뢰의 문을 하나가 아닌, 모두의 손에 나누어 쥐게 하는 구조이며, 그것이 바로 분산 신원이 지향하는 새로운 신뢰의 문법이다.

DID, 블록체인이 제시한 새로운 해답

이 구조를 근본적으로 바꾸기 위해 제안된 개념이 바로 DID, 즉 분산 신원 인증이다. DID는 각 개인이 자신의 신원 데이터를 직접 소유하고 관리한다는 점에서 기존 체계와 완전히 다르다. 신분증이나 주민등록번호 같은 정보가 정부나 기업의 데이터베이스에 저장되는 대신, 사용자의 스마트폰이나 개인 지갑^{Identity Wallet} 안에 암호화돼 안전하게 보관된다.

이 신원 정보는 블록체인 네트워크 위에서 발급되고 검증된다. 블록체인은 신뢰할 수 있는 제3자를 대신해 '증명 구조'를 담당하며, 누가 언제 어떤 자격으로 인증했는지를 변조 불가능한 방식으로 기록한다. 그 덕분에 한번 발급된 신원 증명은 위조되거나 삭제되기 어렵고 필요할 때마다 본인이 직접 선택해 제시할 수 있다.

특히 DID의 핵심은 '선택적 공개^{Selective Disclosure}'라는 개념이다. 이는 필요한 정보만 부분적으로 증명할 수 있도록 하는 기술이다. 예를 들어, 술을 구매할 때 '19세 이상'이라는 것만 증명하고 주민등록번호 전체나 주소를 노출할 필요는 없다. 채용 과정에서도 학위나 경력을 증명하되 다른 개인정보는 숨길 수 있다. 이처럼 DID는 개인정보 노출을 최소화하면서도 필요한 신뢰를 확보할 수 있는 '최소 공개의 윤리^{Minimal Disclosure Ethic}'를 실현한다.

이 철학은 이미 글로벌 기술 생태계 전반으로 확산되고 있다. 마이크로소프트는 'ION 프로젝트'를 통해 DID 기반의 탈중앙 신원 시스템을 테스트하고 있다. 한국에서도 SK텔레콤, 코스콤, LG유플러스 등이 협력하여 '이니셜^{Initial}'이라는 DID 기반 인증 서비스를 운영 중이다. 이 서비스는 사용자가 자신의 졸업증명서, 재직증명서, 면허증 등을 스마트폰에서 직접 발급·보관·제시할 수 있도록 지원한다.

또한 유럽연합(EU) 역시 'EU 디지털 ID 월렛[EUDI Wallet]' 프로젝트를 추진 중이며, 유럽 시민이 단일 디지털 신원 지갑을 통해 행정·금융·여행 서비스를 통합 이용하도록 준비하고 있다. 신원을 위탁받아 관리하던 시대가 지나고, 개인이 '나 자신을 증명할 권리'를 되찾는 시대로 이동하고 있다는 증거다.

과거의 신원은 기관이 발급한 신뢰였다면, DID 시대의 신원은 내가 선택적으로 증명하는 자율적 신뢰다. 블록체인은 더 이상 단순한 거래 기록의 기술이 아니다. 이제 그것은 인간의 정체성과 권리를 설계하는 기술적 헌장으로 진화하고 있다.

기술이 만든 새로운 '나'

DID의 핵심은 단순히 '탈중앙화된 신원 인증'이 아니다. 그 중심에는 '자기주권 신원'이라는 개념이 있다. 이것은 기술 용어가 아니라 인간의 존엄을 복원하는 철학적 선언이다. 자기주권 신원이란 말 그대로, '내가 누구인가를 증명할 권한을 스스로에게 돌려주는 것'을 뜻한다. 이는 곧 존재의 권리를 타인에게 위임하지 않겠다는 선언이기도 하다.

케임브리지대 보안학자 로스 앤더슨[Ross Anderson]은 "보안의 본질은 기술이 아니라 신뢰 구조를 설계하려는 인간의 의지다"라고 말했다. 그의 말처럼, DID의 핵심은 암호화 기술 자체가 아니라 자율성

autonomy에 있다. 정부나 기업이 나를 증명하는 것이 아니라 내가 나 자신을 증명한다. 이 작은 전환이 신뢰의 지형을 바꾼다.

중앙에서 부여되던 신원이 관계 속에서 스스로 발현되는 신원으로 바뀌는 것이다. 의료 분야를 예로 살펴보자. 기존 시스템에서는 병원이 환자의 동의 없이 진료기록을 타 기관과 공유하는 일이 비일비재했다. 하지만 DID 기반 시스템에서는 환자 본인이 직접 접근 권한을 발급한다. 누가 언제 자신의 의료 데이터에 접근할 수 있는지를 스스로 결정하는 것이다. 이는 개인정보 보호를 넘어 인간의 신체적·정보적 자율권을 기술이 지켜주는 방식이다.

교육 영역에서도 변화가 시작되고 있다. 졸업장, 자격증, 성적표를 DID 형태로 발급하면, 학생은 학교 서버에 의존하지 않고 언제든 자신의 학력을 증명할 수 있다. 예를 들어, 유럽연합은 2024년부터 '디지털 학위Digital Diploma' 프로젝트를 추진하고 있다. 학생이 자신의 지갑wallet에 학위를 저장하고 필요할 때만 제시할 수 있도록 한 것이다. 이는 학교가 보증하던 신원을 학생이 스스로 소유하는 신원으로 바꾸는 흐름이다.

행정 분야에서도 DID는 빠르게 확산되고 있다. 대한민국 정부는 2025년까지 주민등록증의 DID 버전을 도입해 각종 공공서비스 접속과 본인 인증을 블록체인 기반 DID 신분증으로 전환할 계획이다. 이 시스템이 정착되면, 우리는 더 이상 중앙 서버의 인증 절차를 거치지 않아도 자신의 디지털 신분을 스스로 증명할 수 있게 된다. 결국 DID와 SSI는 단순한 기술적 진보가 아니라 인간이 기술을 통해 자기결정권self-determination을 되찾는 혁명적 시도다.

국가와 시민 사이의 새로운 계약

에스토니아는 이 분야의 선도 국가다. 1991년 독립 이후 전자정부 시스템을 꾸준히 발전시켜 지금은 전 국민이 블록체인 기반의 전자 시민권^{e-Residency}을 가진다. 에스토니아의 주민들은 출생 등록, 세금 신고, 부동산 거래까지 모든 공공 서비스를 블록체인 위에서 처리한다.

국가는 더 이상 국민의 데이터를 통제하는 주체가 아니라 시민이 신뢰할 수 있는 데이터 관리자로 존재한다. 이처럼 국가와 시민 간의 신뢰 구조가 재정의되고 있다. 신뢰가 통제의 언어에서 협력의 언어로 바뀌는 것이다. 블록체인은 단지 신분증의 디지털 버전이 아니다. 국가와 개인 사이의 새로운 사회 계약서다.

한국 또한 2024년부터 DID 기반의 모바일 신분증을 도입하고 있다. 운전면허증, 주민등록증, 여권 등 각종 증명서가 하나의 DID 지갑으로 통합되는 시대가 열리고 있다. 정부가 개인정보를 소유하지 않고, 개인이 그 데이터의 주인이 되는 이러한 구조는 곧 기술의 진보이자 민주주의의 확장이라고 할 수 있다.

신뢰의 철학, 데이터의 윤리

그러나 새로운 신뢰 구조에는 새로운 윤리적 과제도 따른다. 모든 개인이 자신의 신원을 스스로 관리할 수 있게 되면 '책임의 경계' 또한 불분명해진다. 데이터의 보안과 접근 권한의 남용이나 알고리즘의 편향성 등 기술이 완벽하지 않은 한, 신뢰는 여전히 인간의 몫이다.

정보철학의 선구자 루치아노 플로리디^{Luciano Floridi}는 "디지털 사회는 더 이상 정보의 사회가 아니라 정체성의 사회다"라고 말했다. 블록체인은 그 정체성을 보존하기 위한 도구이지만, 그 도구를 사용하는 인간의 윤리가 없으면 신뢰는 다시 붕괴할 수 있다. 기술이 인간을 대신하여 신뢰를 구축할 수는 없다. 결국 그것을 사용하는 인간의 선택이 '신뢰의 시대'를 만들지, '감시의 시대'를 만들지를 결정한다.

'나는 누구인가'를 되찾는 기술

'신원 인증'은 단순히 로그인 절차가 아니다. 그것은 '나를 증명하는 철학적 행위'이며, 사회가 나를 어떻게 인식하고 대우하는가를 결정하는 구조적 장치다. 블록체인은 그 장치를 다시 설계하고 있다. 중앙의 명령이 아닌 네트워크의 합의를 전제로 한다. 타인의 승인 대신 스스로를 증명함으로써 신뢰가 제도 안에 머무는 것이 아니라 기술의 언어로 흘러가고 있다.

결국 DID는 기술의 이름이 아닌 인간의 선언이다. '나는 나를 스스로 증명할 수 있다.' 이 단순한 문장이야말로 블록체인 시대의 새로운 인권선언문이다. 그리고 그 선언은, 신뢰의 중심이 바뀐 세상에서 인간이 스스로를 다시 정의하는 첫 문장이다.

03

공급망 관리의 투명성 확인

우리는 매일 무언가를 산다. 생활 속에서 커피 한 잔, 셔츠 한 벌, 장난감 하나를 구입한다. 그러나 그 물건들이 어디에서 태어나 어떤 손을 거쳐 여기까지 왔는지를 우리는 거의 알지 못한다. 보이지 않는 유통의 경로는 때로 불편한 진실을 숨긴다. 블록체인의 진짜 혁신은 화려한 마케팅이 아니라 그 경로를 '보이게' 만드는 일이다. 신뢰는 그 경로 위에 남은 기록에서 태어난다.

보이지 않는 길, 보이지 않는 책임

우리가 매일 마시는 커피의 원두는 수천 킬로미터의 바다를 건너오고, 셔츠 한 벌의 면직물은 여러 나라의 공장을 거쳐 손에 닿는다. 이 여정은 농장과 수집상, 가공업체, 물류창고, 항만, 도소매상을 잇는 거대한 네트워크로 이루어져 있다. 표면적으로는 단순한 거래의 흐름 같지만 그 속에는 품질 저하, 원산지 위조, 과도한 중개 수수료, 불공정 노동, 환경 파괴, 리콜 지연 등과 같은 그림자가 숨어 있다. 어느 한 구간의 장부가 닫히거나 데이터가 단절되는 순간, 책임의 사슬은 끊어지고 진실의 경로는 보이지 않게 된다.

경영학자 피터 드러커^{Peter F. Drucker}는 "측정할 수 없으면 관리할 수 없다"라고 말했다. 이 말은 단순한 경영 원리를 넘어서 투명성의 철학을 얘기한다. 공급망의 문제는 언제나 측정되지 않는 구간, 즉 보이지 않는 길목에서 발생한다. 누가 만들었는지, 어떤 조건에서 생산되었는지, 어떤 비용이 덧붙었는지를 추적할 수 없을 때, 시장은 신뢰를 잃는다. 소비자는 상품을 사지만, 그 이면의 노동과 환경, 윤리의 무게는 알지 못한 채 거래를 마친다.

오늘날 세계화된 공급망은 효율을 높였지만 동시에 책임의 경로를 희미하게 만들었다. 각 단계가 전문화될수록 '전체 그림'을 보는 눈은 사라지고, 기업은 종종 '우리 구간은 문제없다'라는 말로 책임을 분절시킨다. 그러나 신뢰는 분절된 장부 속에서 자라지 않는다. 진실이 기록되지 않은 공간에서 부패는 시작되고, 무지의 편의는 불의를 낳는다.

블록체인이 이 영역에서 주목받는 이유는 단순히 데이터를 분산 저장하기 때문이 아니다. 그것은 책임의 경로를 다시 잇는 기술, 즉 보이지 않던 길을 드러내는 언어이기 때문이다. 커피 한 잔이나 셔츠 한 벌의 여정 등이 블록체인에 기록된다면 소비자는 단지 상품이 아니라 이력의 총체, 노동의 서사, 지구의 흔적을 함께 구매하게 된다.

우리가 매일 소비하는 물건의 이야기는 사실 '신뢰의 지도'이기도 하다. 이제 기업의 경쟁력은 단순한 품질이 아니라 얼마나 투명하게 자신의 공급망을 드러낼 수 있는가로 평가받는다. 보이지 않는 길을 보이게 하고 그 길 위에서 책임을 측정할 수 있을 때, 신뢰는 비로소 다시 태어난다.

중앙 장부의 한계, 단일 실패의 구조

기존의 공급망 시스템은 각 참여자가 '자기 장부'를 따로 관리하는 구조다. 농장, 가공업체, 물류, 도소매, 판매처 등까지 모두가 자신만의 데이터베이스를 운영하고, 필요할 때만 서로 정보를 교환한다. 이 때문에 정보는 사일로^{silo}처럼 고립돼 흐름이 끊기고 공급망의 전체 맥락이 보이지 않게 된다. 이 구조는 평상시에는 큰 문제가 없어 보인다.

서로의 데이터가 맞물려 돌아가며 표면적으로는 안정적인 시스템처럼 보이기 때문이다. 하지만 문제가 생기는 순간부터 그 취약함이 드러난다. 누군가의 장부에 오류가 생기거나 고의로 데이터가 은폐되거나, 혹은 단 한 번의 해킹이 발생하면 신뢰 체계 전체가 흔들린다. 특히 식품, 의약품, 전자제품처럼 리콜이 필요한 산업에서는 이 문제가 생명과 직결된다.

예를 들어, 한 유제품 회사에서 특정 원유 로트^{lot}에 문제가 생겼다고 가정해보자. 중앙 서버 중심의 구조에서는 그 원유가 어떤 낙농장에서 출발해서 어떤 운송 경로를 거쳐 어느 지역의 편의점까지 갔는지 추적하는 데 며칠에서 몇 주가 걸린다. 그 사이 소비자는 불안을 안고 제품을 마시고 기업은 신뢰를 잃은 채 리콜 비용과 평판 손실을 떠안는다. 환경적으로도 폐기물과 오염이 늘어나며 피해는 사회 전체로 확산된다.

이 모든 것은 결국 '한 곳에 모인 장부'가 단일 실패점이 되기 때문이다. 중앙 서버와 폐쇄형 데이터베이스는 오랫동안 효율과 속도의 상징이었다. 단일 시스템이기 때문에 업데이트가 빠르고, 관리 책임이 명확했으며 의사결정 체계도 단순했다.

하지만 글로벌 공급망이 국가와 산업, 수천 개의 협력사를 잇는 복잡한 네트워크로 확장되자. 이 구조는 자기모순에 부딪히기 시작했다. 하나의 서버에 모든 신뢰를 집중시키는 방식은 연결된 세계의 불확실성과 복잡성을 감당하기엔 너무 취약했다. 2025년 대전 국가데이터센터 화재 사고 이후 '단일 실패점'의 위험성은 더 이상 기술 전문가들만의 경고가 아니다.

행정 서비스, 금융망, 의료 기록 등 핵심 시스템이 동시에 멈추며, 한 곳의 장애가 사회 전체의 마비로 이어질 수 있다는 사실이 드러났다. 이는 공급망에서도 똑같이 적용된다. 한 업체의 서버가 멈추면, 수많은 협력사의 생산·유통 일정이 연쇄적으로 지연되고, 데이터의 불일치는 신뢰의 붕괴로 이어진다.

결국 중앙화된 장부는 '단일의 진실'을 유지하려는 구조이지만, 그 진실을 지탱하는 지점이 단 하나일 때 가장 불안정하다. 블록체인이 제시하는 분산형 장부의 가치는 바로 여기에 있다. 여러 주체가 같은 기록을 공유하고, 어느 하나의 장애가 전체를 멈추게 하지 않는 구조가 만들어진다, 그것이 '신뢰의 복원력^{Resilience}'을 높이는 새로운 길이다.

블록체인이 설계한 '열린 장부'

블록체인은 기존의 닫힌 장부들을 하나의 '열린 시간축^{Open Timeline}'으로 엮는다. 과거에는 공급망의 각 단계가 자기 데이터베이스를 따로 보관하며, 필요한 순간에만 서로를 호출했다. 하지만 블록체인에서는 이 모든 기록이 하나의 공유된 연대기 위에서 흘러간다.

농장에서 항만까지, 창고에서 매장까지 각 참여자가 남긴 모든 이벤트가 타임스탬프와 함께 분산원장에 새겨진다. 이 기록은 누구의 서버에도 속하지 않으며, 모두의 장부 속에 동시 존재한다. 누구도 과거를 임의로 지우거나 고칠 수 없고, 누구나 자신이 가진 권한 범위 내에서 동일한 사실을 확인할 수 있다.

거래의 진실은 이제 한 기관의 데이터베이스가 아니라 시간의 흐름 속에 분산된 합의의 기록으로 존재한다. 이로써 신뢰의 주체는 중앙에서 네트워크 전체로 이동한다. '코드가 곧 법이다'라는 로렌스 레식의 말은 기술의 규칙이 곧 사회의 질서를 만든다는 뜻이었다. 블록체인의 맥락에서 이 말은 한 걸음 더 확장된다. 이제 '기록이 곧 책임'이 되는 것이다.

누가, 무엇을, 언제 기록했는지가 블록체인에 남는 순간 책임은 문서나 서명이 아니라 데이터의 투명한 흐름 속에서 작동한다. 예를 들어, 한 패션 브랜드가 면직물의 원산지를 블록체인에 기록한다고 하자. 그 정보가 한번 등록되면 누구도 수정할 수 없고, 소비자는 QR코드 하나로 생산지, 운송지, 판매지까지 실시간으로 추적할 수 있다. '보이지 않던 길'이 데이터의 지도 위에 드러나는 것이다. 만약 문제 제품이 발생하면 리콜은 몇 시간 안에 출발지까지 추적할 수 있다. 책임이 명확히 드러나는 구조, 그것이 바로 열린 장부의 힘이다. 과거의 회계 장부는 내부 감사나 특정 기관의 승인 없이는 열람할 수 없었다.

그러나 블록체인은 공개 가능한 투명성이라는 새로운 질서를 만든다. 모든 참여자는 자신이 작성한 데이터의 소유자이자 검증자이며, 누구도 단독으로 진실을 조작할 수 없다. 이 '열린 장부'는 단순히 기술적 구조의 변화가 아니다. 책임의 문화, 신뢰의 언어, 윤리의 투명성을 다시 쓰는 사회적 혁신이다.

식탁 위의 안전, 초 단위 역추적

식품 리콜은 속도가 생명이다. 과거엔 오염 가능성이 발견되면 '해당 기간 전체 생산분'을 회수하는 식으로 막대한 비용과 폐기물이 발생했다. 분산원장 기반의 추적 시스템에선 문제가 된 배치batch를 초 단위로 특정 로트까지 좁힐 수 있다. 리콜의 범위는 정밀해지고, 대응은 빨라지며, 낭비는 줄어든다. 안전은 규제가 아니라 가시성visibility에서 자란다.

광산에서 반지까지, 윤리의 데이터화

금, 코발트, 다이아몬드 같은 자원은 인권·환경 이슈와 맞닿아 있다. 분쟁 광물 이슈는 '깨끗한 공급망'을 기업의 윤리가 아닌 증명 가능한 체계의 문제로 바꾸어놓았다. 채굴 지점의 좌표, 작업 허가, 중개상의 이동 경로, 제련소의 처리 내역이 체인에 연결되면서 '이 반지의 출발점은 어디였는가?'라는 질문에 문장 대신 체인이 답한다. 윤리는 선언이 아니라 연결된 데이터의 연쇄로 입증된다.

제약 및 의료, 냉사슬의 진실성

백신과 바이오의약품은 특정 온도 구간을 벗어나면 효능이 떨어진다. 사물인터넷 센서가 운송 중의 온도, 충격, 문 개폐 이벤트를 실시간으로 기록하고, 블록체인이 그 데이터를 임의 변경 불가능하게 봉인한다. 병원, 도매상, 규제기관은 동일한 타임라인을 공유한다. 환자는 안전을 보장받고, 제약사는 규제 준수를 해야 한다. 그렇게 함으로써 사회는 낭비 감축을 얻는다. 품질은 더 이상 출하 전 검사 결과서 한 장이 아니라 전 구간의 연속적 증거다.

패션과 리테일, 진품성의 사회적 합의

럭셔리 위조는 브랜드와 소비자 모두를 잠식한다. 원단의 출처, 공정의 위치, 생산 라인, 유통 파트너가 체인에 기록되면, 매장의 QR 하나로 진품성 검증이 가능해진다. 중고 거래 시장에서도 동일한 내역이 그대로 이어지며, 소유권 이전은 토큰화tokenization된 증표로 전환된다. '진짜냐?'라는 질문에 대한 답은 더 이상 직원의 말이 아니라 공유 장부의 합의로 이루어진다.

숲과 바다, ESG를 숫자에서 사실로

기업의 ESG 공시는 그동안 PDF 문서의 숫자와 도표로 존재했다. 이제 산림 파괴 회피, 탄소 배출, 재생에너지 사용 내역, 폐기물 처리의 활동 로그가 체인에 남는다. 공급업체의 선언이 아닌 위성, 센서, 스마트 미터가 제공한 1차 데이터가 블록체인에서 서로 교차 검증된다. 이처럼 검증 가능한 행위의 축적이 바로 지속 가능성이다.

'규모의 경제'에서 '신뢰의 경제'로

미국의 경제학자 마이클 포터^{Michael E. Porter}는 경쟁우위를 규모, 차별화, 집중에서 찾았다. 그러나 초연결 시대에 경쟁우위는 점점 신뢰의 속도와 해상도에서 갈라진다. 빠르게 추적하고, 구간을 좁혀 리콜하고, 정당한 프리미엄을 설명할 수 있는 기업이 더 낮은 거래 비용^{transaction cost}과 더 높은 브랜드 신뢰 프리미엄을 얻는다. 대량 생산의 강점은 여전하지만, 대량 신뢰를 만들 수 있는가가 새로운 분기점이 된다.

현실의 마찰, 완벽한 기술은 없다

물론 현실적으로 해결해야 할 몇 가지 과제가 있다. 첫째, 표준 문제다. 산업, 국가, 플랫폼마다 데이터 모델이 달라 상호운용성 표준이 필요하다. 둘째, 온체인/오프체인(oracle) 경계 문제다. 센서가 잘못 읽으면 '진실하게 기록된 거짓'이 될 수 있다. 현장 검증과 다중 원천 교차확인이 필수다. 셋째, 프라이버시와 영업비밀 문제다. 모두가 모든 것을 보게 할 순 없다. 권한 관리, 영지식증명 같은 선택적 공개 기법이 필요하다. 넷째, 인센티브 문제다. 말단 공급업체가 왜 성실히 기록해야 할까? 이런 불만을 해소하려면 데이터 입력을 비용이 아닌 이익으로 만드는 보상 메커니즘이 설계돼야 한다. 다섯째, 지배구조 문제다. 누구의 체인을 누구의 규칙으로 운영할 것인가, 즉 퍼블릭, 컨소시엄, 프라이빗의 균형이 필요하다.

스마트 컨트랙트, 규정이 '실행'이 되는 순간

납기 지연, 온도 이탈, 서류 불일치 같은 조건들은 이제 계약의 단서 조항이 아니라 자동 실행 로직이 된다. 온도 이탈이 감지되면 보험 청구가 자동 개시되고, 지연이 임계값을 넘으면 대금이 일부 보류된다. 분쟁은 '해석'에서 '로그'로 이동한다. 법은 더 느리게 움직일지라도, 거래의 세계는 이미 '조건=행위'로 수렴하고 있다.

아무리 정교한 체인도 마지막 고리는 사람의 성실성과 조직의 문화다. 현장의 입력 품질, 윤리적 조달에 대한 경영의 의지, 감추기보다 드러내는 편이 장기적으로 이익이라는 학습된 용기가 필요하다. 기술은 거짓말을 줄이지만, 진실을 말하겠다는 선택만큼 강하지는 않다.

또한 공급망의 혁신은 거대한 설비 투자보다 길을 보이게 만드는 일에서 시작된다. 블록체인은 시간을 꿰고 사람을 이어서 물건의 여정을 하나의 이야기로 만든다. 그 이야기에서 숨을 곳이 줄어들수록 세계는 조금 더 공정해진다. 소비자는 더 현명해지고 기업은 더 책임감을 갖게 되며, 지구는 덜 아파한다. 혁신은 때로 거창한 발명이 아니다. 보이지 않던 것을 보이게 하는 것. 바로 그 단순함이 공급망을, 그리고 신뢰의 지도를 바꾼다.

04

예술과 창작 생태계의 변화

예술은 언제나 기술과 함께 진화해왔다. 물감이 바뀌면 색채가 바뀌고, 인쇄술이 바뀌면 독자가 바뀐다. 디지털의 시대, 블록체인은 작품을 복제하는 기술이 아니라 '가치를 기록하는 기술'로서 등장했다. 소유와 진품성, 유통과 보상이 다시 설계되는 순간, 예술은 파일이 아니라 '관계의 계약'이 된다.

보이지 않는 소유권, 보이지 않는 작가

디지털 작품은 무한히 복제된다. 음악 파일은 한번 업로드되면 전 세계로 순식간에 퍼진다. 특히 이미지는 클릭 한 번으로 저장되며, 글과 영상은 수없이 복제된다. 이 무한 복제의 세계에서 '원본'이라는 개념은 오랫동안 말의 약속에 불과했다. 파일이 이동하고 공유되는 동안에 소유권과 진품성, 2차 거래의 이력은 플랫폼의 내부 장부 속에 감춰졌다. 겉으로는 자유로운 흐름이지만 그 아래에는 중앙 서버가 통제하는 보이지 않는 질서가 있었다.

스트리밍은 감상의 문턱을 낮췄다. 누구나 월 몇 천 원으로 음악과 영화를 즐길 수 있고, '좋아요와 구독'은 예술의 접근성을 획기적으로 넓혔다. 그러나 그 편리함의 이면에서, 창작자에게 돌아가는 몫은 극히 미미하다. 수천만 회 재생된 곡의 창작자가 얻는 수익이 커피 몇 잔 값에 불과한 현실은 더 이상 낯설지 않다. 예술은 디지털의 속도로 확산되었지만, 보상의 구조는 여전히 중앙의 게이트를 통과해야만 작동한다. 우리는 작품을 소비하지만, 그 작품의 주인을 직접 만날 수 없다. 거대한 플랫폼이 수익을 나누어주는 순간에 작가의 존재는 데이터 속으로 희미하게 녹아든다.

이것이 바로 디지털 예술 생태계의 역설이다. 시장 규모는 커졌지만, 작가의 권리는 점점 흐릿해졌다. 플랫폼은 콘텐츠를 큐레이션하고 유통하며, 그 과정에서 생긴 모든 거래 데이터와 저작권 이력을 독점적으로 보관한다. 일단 플랫폼에 업로드된 작품은 그곳의 정책이 바뀌면 언제든 삭제되거나 수정될 수 있다. 창작자는 창작의 주체이지만, 자신의 작품 이력에 접근할 수 없는 '비가시적 노동자'가 됐다.

이 구조는 단순히 경제의 문제를 넘어 예술의 존재 방식을 바꾸었다. 예술은 본래 작가의 서명과 이야기를 통해 진정성을 얻는다. 그러나 디지털 플랫폼 시대의 작품은 '누가 만들었는가'보다 '얼마나 조회되었는가'로 평가된다. 진품성의 가치가 사라지고, 데이터의 순위가 창작의 기준을 대신한다. 이로 인해 우리는 예술을 경험하지만, 그 안에서 작가의 목소리와 소유의 의미를 잃어버린다.

블록체인은 이 문제에 대해 '디지털 시대에도 원본이 존재할 수 있는가?'라는 새로운 질문을 던진다. 그 답은 예술을 다시 '기록 가능한 존재'로 되돌리는 데 있다. 작품이 만들어지는 순간 그 해시값이 블록체인에 새겨진다. 그렇게 이력이 영구히 남는다면 더 이상 진품성과 소유권은 말의 약속이 아니다. 그것은 기술로 증명되는 사실이 된다.

플랫폼 시대의 구조적 한계

오늘의 창작 생태계는 플랫폼의 규칙 위에 세워져 있다. 창작자는 자신의 예술적 감각과 노력을 쏟아내지만, 그 결과물이 세상과 만나는 경로는 언제나 플랫폼의 문을 통과해야 한다. 노출의 순서와 비율은 알고리즘이 결정하고 보상의 기준은 이용 약관이 정한다. 창작자는 작품을 올리지만 그 작품의 운명은 플랫폼의 로직과 정책에 의해 좌우된다.

플랫폼의 장점은 분명하다. 그것은 도달·분배·결제의 효율을 극적으로 높였다. 유튜브, 인스타그램, 틱톡, 네이버 등 거대 플랫폼들은 누구나 창작자로 설 수 있는 시대를 열었다. 창작의 문턱은 낮아졌고 세계의 관객이 손안으로 들어왔다. 그러나 그 문턱이 낮아진 만큼 의존의 벽은 높아졌다. 플랫폼이 문을 열면 우리는 세상과 연결되지만, 플랫폼이 문을 닫으면 우리의 존재는 순식간에 사라진다.

한 번의 계정 정지나 콘텐츠 삭제로 수년간 쌓은 팬 커뮤니티와 수익이 하루아침에 사라지는 사례는 흔하다. 중개 수수료는 플랫폼의 정책 변경에 따라 예고 없이 오르거나, 광고 수익 배분 구조가 새 알고리즘으로 바뀌기도 한다. 창작자는 이유를 모른 채 결과를 통보받는다. 이 모든 과정에서 작가는 자신의 생태계에 대한 통제권을 잃는다.

더 큰 문제는 데이터의 독점이다. 창작자와 팬 사이의 관계를 이어주는 모든 접점에서 독점이 발생한다. 그러니까 댓글, 구독자 목록, 메시지, 후원 내역 등이 이 플랫폼의 금고에 갇혀 있다. 즉 창작자는 자신의 관객을 알고 있지만 접근할 수는 없다. 시장 접근권과 팬 데이터가 플랫폼의 자산으로 전환되면서 창작자는 더 이상 자신의 팬과 직접 관계를 맺을 권리를 갖지 못한다.

'창작의 주체'였던 개인이 '노출의 대상'이 돼버린 셈이다. 그 결과, 예술의 경제는 '작가 ↔ 팬'의 상호적 관계가 아니라 '작가 → 플랫폼 → 팬'으로 이어지는 일방통행 구조로 굳어졌다. 이 구조 안에서 플랫폼은 단순한 중개자가 아니라 유통·통제·보상의 최종 결정자가 된다. 창작자는 자신의 작품을 세상에 보이기 위해 플랫폼의 정책을 읽고, 알고리즘의 기분을 맞춰야 하는 시대에 살고 있다.

NFT, 소유권의 문장을 새로 쓰다

블록체인이 이 영역에서 수행한 일은 단순하지만 혁명적이다. '이 파일의 고유한 토큰은 이것이다.' NFT(Non-Fungible Token)는 바로 이 문장을 기술적으로 증명 가능한 형태로 세상에 남겼다. 그 원리는 간명하다.

하나의 디지털 파일, 즉 그것이 그림이든 음악이든 글이든 그 무엇이든 블록체인은 고유한 식별자Unique Identifier를 부여한다. 그러고는 그 토큰의 생성·이전·보유·소각 이력을 공개 원장Public Ledger 위에 영구히 기록한다. 이 기록은 누구나 열람할 수 있지만, 누구도 수정할 수 없다. 이미지는 무한히 복제될 수 있어도 소유의 이력은 복제되지 않는 것이다. NFT는 단순한 디지털 인증서가 아니다. 그것은 '소유권의 문장'을 다시 쓰는 기술적 언어다. 디지털 파일이 무한 복제의 한계를 벗어나 유일한 진본성을 지닐 수 있도록 한 최초의 구조였다.

그동안 예술가는 작품을 팔아도 그 뒤의 거래나 소유 이전 과정을 알 길이 없었다. NFT는 그 단절을 끊었다. 이제 창작자는 자신의 작품이 언제, 어떻게, 얼마에 거래되었는지를 체인 위에서 직접 확인할 수 있다. 2021년 디지털 아티스트 비플(Beeple, 본명 Mike Winkelmann)의 작품 〈매일: 첫 5000일(Everydays: The First 5000 Days)〉이 글로벌 경매사 크리스티스Christie's에서 약 6,900만 달러(한화 약 780억 원)에 낙찰됐다. 그 당시 세계를 놀라게 한 것은 단순히 그 가격이 아니었다. 그보다 더 큰 의미는 '디지털 작품의 소유권이 온체인으로 증명됐다'라는 사실이었다. 화면 속 픽셀의 모음이 아니라 그 픽셀의 '소유 이력'이 진품의 증거가 된 것이다. 비플의 사례는 '예술은 물질을 넘어 기록으로 존재할 수 있다'는 선언이었다.

이 사건 이후 NFT는 미술계를 넘어서 음악, 출판, 게임, 패션 등 다양한 산업으로 퍼져 나갔다. 뮤지션은 자신의 음원을 NFT로 발행하여 플랫폼 수수료 없이 직접 팬에게 판매할 수 있게 됐다. 작가는 디지털 판화를 발행하듯 '한정된 수량의 NFT 에디션'을 통해 수익과 팬 커뮤니티를 동시에 형성할 수 있게 됐다. 무형의 자산에 고유한 지문을 새긴 후 그 지문이 거래와 이동을 따라가며 진품의 궤적을 남기는 것이다. 철학적으로 본다면 NFT는 단순한 투자 상품이 아니라 디지털 시대의 진정성에 대한 새로운 답이다.

소유권이란 법률 문서가 아니라 기록의 지속성에서 비롯된다는 것을 블록체인은 수학으로 증명해 보였다. 이제 예술의 가치는 더 이상 누가 인증했는가가 아니라 어디에, 어떻게 기록되었는가로 이동하고 있다. 'NFT는 예술의 물질성을 증명하지 않는다. 다만, 예술이 존재했다는 사실을 영원히 남긴다.' 이 문장은 NFT의 본질을 가장 간결하게 요약한다. 블록체인은 디지털 시대의 새로운 서명 도구다. 그 서명은 종이에 적히지 않고, 체인 위에 새겨져 사라지지 않는다. 이로써 예술은 '보이지 않는 파일'에서 다시금 '보이는 존재'로 거듭난다.

스마트 컨트랙트, 로열티를 코드로
전통 미술 시장에서 2차 판매 로열티는 자주 '약속'으로만 남았다. 블록체인에서는 로열티 지급 조건을 스마트 컨트랙트로 삽입해, 2차·3차 거래 때마다 자동 분배가 가능해진다. 계약은 더 이상 해석에 따라 달라지지 않고, 판매가 이루어질 때마다 정해진 비율이 자동으로 창작자에게 지급된다. 이는 '한 번의 판매'에 갇혔던 창작자의 경제를 '관계의 누적'으로 바꾼다. 수익은 거래의 횟수만큼 작가에게 돌아오고, 작가는 커뮤니티와 함께 작품의 생애를 관리한다.

디지털 희소성, 커뮤니티가 만든 가치

예술의 가치는 희소성에만 있는 게 아니라 공동의 이야기에서 자란다. 온체인에서 창작자는 토큰을 통해 소장자 커뮤니티와 직접 연결된다. 업데이트, 드롭, 오프라인 행사, 협업 투표 등 팬 참여형 프로그래밍이 가능해진다. 또한 소유는 감상의 확장이 된다.

창작자는 더 이상 알고리즘의 기분을 살피지 않는다. 대신 자신을 지지하는 소수의 팬을 '지갑 주소'라는 구체적 실체로 만난다. 케빈 켈리$^{Kevin Kelly}$가 제시한 '1,000명의 진짜 팬(1000 True Fans)' 이론은 블록체인에서 드디어 기술적 인프라를 얻기 시작했다.

음악·영상·출판, 파일이 계약이 되는 순간

① **음악 분야:** 아티스트는 곡의 권리를 토큰으로 쪼개 팬에게 판매하고, 스트리밍·싱크 수익을 스마트 컨트랙트로 자동 분배할 수 있다. 조기 지지자는 단순한 소비자가 아니라 공동 이해관계자가 된다. 초기 블록체인 실험을 주도한 뮤지션 이모젠 힙$^{Imogen Heap}$이

말했듯이, 음악의 권리는 데이터 구조의 문제가 됐다.

②**영상 분야:** 독립 영화는 제작 단계에서부터 토큰화된 후원으로 자금을 모으고, 흥행 수익과 2차 판매 로열티를 온체인으로 배분한다. 심의·상영관의 벽을 넘는 분배 구조가 열린다.

③**출판 분야:** 전자책이나 연재물의 유료 구독권을 NFT로 발행하면 독자는 콘텐츠 접근권과 함께 커뮤니티 거버넌스를 얻는다. 창작자는 구독자의 실제 소유를 기반으로 독자와 장기적 관계를 설계한다.

미술관·아카이브, 프로비넌스의 민주화

작품의 이력^{provenance}은 미술의 신뢰를 지탱하는 등뼈라고 할 수 있다. 과거에는 갤러리나 감정 기관의 문서에 의존했다. 이제는 소장 이전, 보존 처리, 전시 대여, 보험 청구 같은 이벤트가 체인 위의 사건으로 남는다. 향후 공공 아카이브는 전시 도록이 아니라 검증 가능한 기록 열람기가 될 수 있다. 연구자는 PDF가 아닌 거래·보존 로그로 작품의 생애를 추적한다. 신뢰는 권위가 아니라 증거에서 나온다.

분할 소유와 팬덤, 한 점을 여러 사람이

한 작품의 경제적 가치를 토큰으로 쪼개 분할 소유^{fractional ownership}를 구현하면, 고가의 작품에도 다수가 참여할 수 있다. 이는 투기 과열의 위험을 부르기도 하지만 동시에 문화 자산의 금융 포용이라는 기회를 창출한다. 아티스트 토큰과 팬 토큰은 단순한 후원을 넘어 굿즈, 공연 티켓, 비하인드 콘텐츠 접근권을 하나로 묶어 제공하는 참여 방식이 된다. 팬들은 구매자가 아니라 작품 제작 과정에 함께하는 동료로 바뀌고, 후원은 '구독'이 아니라 공동 창작의 참여로 확장된다.

크리에이터 경제의 재구성, 데이터를 돌려주다

플랫폼은 이용자 데이터를 차지하고, 창작자는 팔로워 숫자만 본다. 온체인 생태계에서는 지갑이 곧 관계다. 창작자는 소장자와 직접 소통하며 새 드롭을 안내할 수 있고, 오프체인(메일·메신저)과 온체인을 결합한 권한형 브로드캐스트를 설계할 수 있다. 이제 더 이상 플랫폼을 바꾸면 관객을 잃어버리는 종속 구조에서 벗어날 수 있게 된다. 즉 작가는 자신의 관객 데이터에 대한 자기결정권을 되찾는다.

저작권·라이선스, 코드로 명시하는 권리

온체인 환경에서는 창작물의 사용 권리를 명확하게 표시하고 자동으로 실행할 수 있다. CC0나 CCBY 같은 공개 라이선스도 메타데이터에 붙여 표준화할 수 있으며, 상업적 이용 허용 여부나 로열티 비율 같은 파생 창작 조건을 스마트 계약에 직접 기록할 수 있다. 여전히 분쟁이 생길 수는 있지만, 적어도 권리의 기준이 종이 계약서에만 묶여 있던 시대는 사라진다. 이제 권리는 문장이 아니라 코드로 작동한다.

거버넌스, 큐레이션의 탈중앙화

DAO는 큐레이션 자체를 공동의 행위로 만든다. 전시 주제 선정, 작가 지원, 기금 운용을 투명한 규칙과 투표로 결정한다. 이렇게 함으로써 미술계의 폐쇄성은 느슨해지고 공개 합의의 미학이 도입된다. 물론 빠른 감각과 강한 디렉션이 필요한 영역에서 합의가 늘 최선은 아니다. 중요한 것은, 권위의 문이 더 넓어지고 결정의 책임이 로그로 남는다는 점이다.

작가의 시간, 관객의 시간

블록체인이 바꾸는 것은 '한 번의 판매'가 아니라 '오래가는 관계'다. 작가는 드롭 이후에도 로열티로 수익을 공유하고, 소장자는 커뮤니티 안에서 작품의 시간 가치를 함께 만든다. 관객은 더 이상 익명의 조회수가 아니다. 지갑 주소라는 단단한 흔적으로서 작가의 세계에 서명한다. 예술은 디지털 파일에서 디지털 서사로, 거래는 결제에서 합의의 문화로 옮겨간다.

예술은 오래전부터 '누가 만들었고, 어떻게 전해졌는가'라는 질문에 기대어 신뢰를 쌓아왔다. 블록체인은 그 질문에 숫자 대신 증명 가능한 이야기로 답한다. 작품의 여정, 소유의 이력, 보상의 규칙이 하나의 흐름으로 연결될 때, 예술은 다시 작가의 손에 들어가고 커뮤니티의 품으로 돌아온다.

화면 속 이미지는 여전히 아름답다. 그러나 이제 더 아름다운 것은 그 이미지를 둘러싼 관계의 계약이 명확해졌다는 사실이다. 예술은 파일이 아니라 기록된 신뢰가 되고, 창작자는 팔리는 사람이 아니라 합의를 설계하는 사람이 된다. 그리고 그 합의가 깊어질수록 우리는 비로소 예술을 더 오래 사랑할 수 있다.

05

공공서비스와 행정의 디지털화

국가는 거대한 문서의 숲이자 기록의 생태계다. 태어나면 등록되고, 일하면 신고되고, 아프면 기록되고, 집을 사면 등기된다. 이 모든 기록의 끝에는 언제나 도장과 서버가 있었다. 그러나 우리는 이제 묻기 시작한다. '이 문서의 진실은 어디에 있는가?' 블록체인은 종이의 권위를 넘어 진실이 이동한 경로를 투명하게 드러낸다. 이제 행정은 더디게 움직이던 권력이 아니라 모두가 함께 검증하는 기록이 된다.

보이는 서류, 보이지 않는 진실

공공서비스는 본질적으로 '증명'의 연속이다. 출생, 주소, 납세, 병력, 자격, 소유권 등 한 사람의 삶은 수많은 장부의 행으로 저장되고, 국가의 절차는 그 장부를 서로 참조하며 작동한다. 행정의 표면은 편리해 보이지만, 진실은 종종 서버의 벽 안에 갇힌다.

정보는 기관별 사일로에 고립되고, 시스템 장애 하나가 지역의 행정 전체를 멈추게 한다. 투명성은 공보公報로 대체되고, 신뢰는 인감과 직인이 대신한다. 그러나 인감과 직인이 말해주지 못하는 것이 있다. 바로 시간의 연쇄, 그리고 책임의 화살표다.

단일 실패점, 공공 신뢰의 위험

중앙 서버는 효율성을 얻는 대신에 취약성을 감수해야 하는 구조다. 자연재해, 화재, 전산 오류, 사이버 공격은 한 번의 사건으로 수백 개의 공공서비스를 마비시킨다. 이는 단순히 주민센터의 프린터가 멈추는 정도의 문제가 아니다. 신원 확인, 세무, 의료, 부동산, 민원 포털 등 핵심 행정 서비스가 연쇄적으로 정지한다. 공공은 '단일한 진실'을 위해 모든 장부를 한 곳에 집중시켰지만, 역설적으로 그 진실은 하나의 약한 고리에 매달려 있다. 공공 신뢰의 핵심은 속도나 편의가 아니라 서비스가 멈추지 않는 것, 즉 무결성과 가용성이다.

블록체인 행정의 네 가지 원리

블록체인이 공공 영역에서 주목받는 이유는 단순히 새로운 서버를 제시하기 때문이 아니라 '새로운 기록의 철학'을 제안하기 때문이다. 행정이란 결국 기록의 예술이며, 그 기록이 어떻게 저장되고 검증되는가가 신뢰의 수준을 결정한다. 블록체인은 이 신뢰의 방식을 네 가지 원리로 재정의한다.

첫째는 불변성^{immutability}이다. 한번 기록된 행정 이벤트, 예를 들어 발급, 열람, 변경 요청, 이관 등은 타임스탬프와 함께 블록체인 원장에 남는다. 이 데이터는 사후 조작이 사실상 불가능하다. 과거의 기록을 덮어쓰는 대신, 수정의 흔적이 새로운 블록으로 추가된다. 이는 '기록은 삭제되는 것이 아니라 이어진다'는 행정의 윤리를 구현한다.

둘째는 공유된 진실$^{shared\ truth}$이다. 블록체인에서는 여러 기관이 하나의 연대기를 바라본다. 각 기관이 자기 서버에 따로 사본을 보관하는 것이 아니라 동일한 상태의 데이터를 공동으로 유지한다. 이 구조에서는 조정과 검증에 소요되던 행정 비용이 줄어들고, 분쟁이 생겨도 원장에 남은 로그가 명확한 근거가 된다. 행정의 신뢰가 '기관의 말'이 아니라 '데이터의 기록'으로 증명되는 것이다.

셋째는 미니멈 공개$^{minimum\ disclosure}$ 원리다. 블록체인은 모두에게 모든 것을 보여주는 시스템이 아니다. 필요한 정보만 최소한으로 증명하는 구조다. 예를 들어 술을 사기 위해 전체 주민등록번호를 제출할 필요는 없다. 성인임을 증명하는 정보만 선택적으로 공개하면 된다. 이러한 방식을 가능하게 하는 기술이 영지식증명이다. 이는 내용은 숨기되, 사실만 증명하는 방법으로, 개인의 프라이버시와 공공의 신뢰를 동시에 지키는 길을 연다.

마지막은 책임의 재배치^{accountability}다. 블록체인 행정에서는 누가, 언제, 무엇을 조회하거나 변경했는지가 자동으로 기록된다. 행위가 곧 기록을 생성하기 때문에 감시는 사람의 기억이 아니라 데이터의 궤적을 따라 이루어진다. 과거에는 행정의 책임이 개인 공무원의 도덕성이나 내부 통제에 의존했다면, 이제는 시스템의 구조 그 자체가 책임의 흐름을 설계한다. 결국 블록체인의 행정 철학은 이렇게 말한다. "신뢰는 선언이 아니라 구조로부터 온다." 이 네 가지 원리는 행정의 속도를 높이는 기술이 아니라 공공의 신뢰를 설계하는 새로운 문법이다.

행정 인프라의 디자인 패턴

블록체인 기반의 행정 시스템이 작동하기 위해서는 기술 그 자체보다 구조의 설계, 즉 인프라의 디자인 패턴이 중요하다. 공공 영역은 완전한 개방보다는 신뢰 가능한 협업 구조를 필요로 하며, 그 균형점을 찾는 네 가지 설계 방식이 점차 자리를 잡고 있다.

첫째는 컨소시엄 체인^{Consortium Chain} 구조다. 중앙부처, 지방자치단체, 공공기관, 감사기관 등이 각각의 노드를 운영하며, 하나의 분산 네트워크를 구성한다. 이는 완전히 개방된 퍼블릭 체인과 완전히 닫힌 프라이빗 체인의 중간 형태로, 공공 데이터의 민감성과 행정의 투명성 사이에서 현실적인 균형을 이룬다. 예를 들어, 부동산 거래 이력이나 행정문서의 승인 기록처럼 민감한 정보는 접근이 제한되지만, 그 처리 절차나 검증 내역은 네트워크 전반에서 동일하게 확인할 수 있다. 이 방식은 공유는 하되 통제 가능한 신뢰를 가능하게 한다.

둘째는 디지털 신원(DID/VC: Decentralized Identity/ Verifiable Credential) 체계다. 이는 개인, 법인, 심지어 사물인터넷 기기까지도 표준화된 방식으로 신원을 증명할 수 있도록 하는 기술적 틀이다. 기존 행정에서는 사람 없이 서류만 도는 관행이 흔했지만, DID 구조에서는 데이터가 스스로 자신을 증명한다. 주민등록번호 전체를 노출하지 않고도, 성인 여부나 해당 지역 거주자 등의 정보만 선택적으로 제시할 수 있다. 이로써 개인정보 보호와 행정 효율성의 두 목표가 동시에 충족된다.

셋째는 오라클Oracle 레이어다. 블록체인은 원래 네트워크 안에서 발생한 사건만을 기록할 수 있다. 그러나 행정의 세계는 오프체인에서 이루어지는 물리적 사건들, 예를 들면 현장 검수, 공사 완료, 전력 검침, 의료 진단 등을 동반한다. 오라클은 이러한 외부 사건을 신뢰 가능한 형태로 온체인으로 반입하는 장치다. 이를 위해 다중 데이터 원천, 감사 로그, 무결성 서명이 핵심 역할을 한다. 즉 현실 세계의 변화를 블록체인의 언어로 번역하는 인터페이스라고 할 수 있다.

마지막은 권한형 투명성Authorized Transparency이다. 이는 모두에게 모든 것을 공개하자는 발상이 아니라 누가, 무엇을, 어떻게 볼 수 있는지의 규칙을 공개하는 방식이다. 모든 데이터에 무차별적으로 접근할 수는 없지만, 열람의 경로와 행위의 로그가 남는 것 자체가 새로운 형태의 투명성을 만든다. 즉 '무엇을 볼 수 있는가'보다 '누가 보았는가'를 기록함으로써, 감시와 신뢰의 균형을 설계하는 것이다. 이 네 가지 패턴들, 즉 컨소시엄 체인, 디지털 신원, 오라클 레이어, 권한형 투명성은 단순히 기술적 구성요소가 아니라 블록체인 행정의 철학을 구현하는 디자인 언어다. 그들은 공공 데이터의 흐름을 '폐쇄된 금고'에서 '공유 가능한 신뢰망'으로 바꾸며, 행정의 신뢰를 제도의 선언이 아닌 구조의 설계로 증명한다.

공공의 난제, 기술만으로는 해결되지 않는 것

블록체인이 행정의 신뢰를 재설계할 수는 있지만, 기술만으로 해결되지 않는 난제들이 여전히 존재한다. 기술은 도구일 뿐, 제도와 인간의 의지가 함께 작동할 때 비로소 의미를 갖는다.

첫째는 프라이버시와 공개의 경계다. 공공성은 투명성을 요구하지만, 개인정보 보호는 최소 공개를 원칙으로 한다. 두 가치가 충돌하지 않도록 하기 위해선 가명화, 영지식증명, 차등 프라이버시 같은 기술적 장치가 기본 교양이 돼야 한다. 행정의 신뢰는 '모두가 아는 것'이 아니라 '알아야 할 만큼만 아는 것'에서 비롯된다.

둘째는 표준과 상호운용성의 문제다. 부처, 지자체, 위탁기관마다 데이터 스키마가 다르면 블록체인은 또 다른 '섬'을 만든다. 공공 데이터가 진정한 자산이 되려면 스키마, 메타데이터, 전자서명 체계가 동일한 언어로 연결돼야 한다. 블록체인의 핵심은 분산이 아니라 공유된 질서다.

셋째는 영속성이다. 프로젝트가 정권 교체나 예산 주기에 따라 중단되면, 블록체인은 반쪽짜리 기록에 머문다. 원장은 기술로 지속되지만, 운영의 지속성은 제도에 달려 있다. 따라서 법과 시행령

안에 시스템의 수명과 관리 책임을 명시해야 한다. 기록의 신뢰는 연속성에서 자란다.

넷째는 책임의 주체다. 체인 위의 데이터가 절대적인 진실은 아니다. 오라클이 잘못된 값을 올리면, 시스템은 그 거짓을 '진실하게 기록'한다. 따라서 기술적 구조와 더불어 현장 검증, 감사, 제재의 거버넌스가 함께 설계돼야 한다. 블록체인은 진실을 보증하지 않는다. 다만 진실을 확인할 수 있는 경로를 남길 뿐이다.

다섯째는 접근성과 디지털 격차다. 서류가 앱으로 바뀌었다고 해서 모두가 접근 가능한 것은 아니다. 고령자, 장애인, 기술 비숙련자에게는 또 다른 장벽이 생긴다. 오프라인 연계 창구, 휴먼 헬프데스크 같은 보완 장치가 함께 설계돼야 한다. 진정한 디지털 전환은 배제를 줄이는 기술에서 시작된다.

여섯째는 인센티브다. 공무원, 위탁기관, 시민 모두가 새 시스템에 참여할 실질적 이유가 필요하다. 절차 단축, 수수료 절감, 감사 리스크 감소처럼 체감 가능한 이익이 있을 때만 혁신은 지속된다. 기술은 강제가 아니라 동의 위에서 작동한다.

마지막으로, 코드가 법이 될 때, 법은 더 명확해야 한다. 스마트 컨트랙트가 행정 절차를 자동으로 집행하는 순간에 오류 역시 자동으로 집행될 수 있다. 따라서 법령과 지침은 기계가 읽을 수 있을 만큼 명시적이어야 한다. 법학, 행정학, 컴퓨터과학의 협업이 행정의 새로운 기본 구성이 돼야 한다. 규정을 '표현'하던 시대에서 '실행'하는 시대로 옮겨가면서 공공의 언어는 더 명확하고 구체적이어야 한다. 결국 블록체인은 기술의 혁명이 아니라 책임의 재구

성이다. 신뢰를 자동화하려면 먼저 인간의 제도와 언어가 준비돼
야 한다.

시민이 데이터의 주인일 때 바뀌는 것

블록체인 행정의 끝은 '정부가 더 똑똑해지는 것'이 아니다. 시민
이 더 주권적이 되는 것이다. 신분증, 자격, 세금, 재산, 의료, 투표
권한이 하나의 지갑에서 셀프 커스터디^{Self-Custody}로 관리될 때, 국가
는 데이터의 소유자가 아니라 보관자^{custodian}로 역할이 이동한다. 시
민은 관청의 '승인' 없이도 자신을 증명하고, 기관은 시민의 동의와
로그를 기반으로 움직인다. 신뢰는 더 이상 도장으로 찍히지 않는
다. 공유된 기록으로 쌓인다.

공공이란 결국 함께 사는 기술이다. 그 기술이 종이에서 데이터
로, 중앙에서 네트워크로 움직이고 있다. 블록체인은 행정을 자동
화하려는 도구가 아니라 책임을 드러내는 언어다. 출생에서 재산
까지 이어지는 한 인간의 공적 타임라인이 정직하게 기록될 때, 국
가는 '관리의 권력'에서 '신뢰의 인프라'로 거듭난다. 행정은 빠른
창구가 아니라 검증 가능한 진실이 된다. 그리고 그 진실 위에서
민주주의는 좀더 단단해진다.

06

메타버스와 AI와의 융합 트렌드

기술은 언제나 현실의 경계를 확장해왔다. 언어가 시간을, 인쇄가 지식을, 인터넷이 공간을 확장했다. 그리고 지금 블록체인, AI, 메타버스는 '존재' 자체를 확장하려 한다. 가상의 세계에서 신뢰가 작동할 수 있을까? 인공지능이 만든 창작물의 주인은 누구인가? 블록체인은 이 질문에 대한 기술적이면서도 철학적인 대답이 된다.

가상의 세계, 새로운 경제의 무대

메타버스는 더 이상 게임 속 세계가 아니다. 교육, 산업, 의료, 예술 등 현실의 다양한 장면이 가상공간으로 이동하고 있다. 이 공간에서는 아바타가 일하고, 토지와 건물이 거래되고, 디지털 아이템이 실물처럼 가치화된다. 하지만 이 세계에도 신뢰가 필요하다. 누가 그 땅을 소유하고, 그 그림을 만들었으며, 어떤 조건으로 거래되었는지를 기록할 장부가 없다면, 가상경제는 모래 위에 세워진 도시일 뿐이다.

블록체인은 이 세계의 기초 법전이 된다. 소유권과 거래의 이력, 콘텐츠의 진위와 창작자 정보를 네트워크 위에 새기며, 가상공간의 신뢰 구조를 만든다. 가상자산의 토지, 디지털 아트, 게임 아이템, 아바타의 의상까지 모두 NFT로 고유성을 확보한다. 메타버스는 단순히 현실을 복제한 공간이 아니라 각 개체가 기록되고 식별될 수 있는 세계로의 확장이다.

AI와 블록체인, 창작과 신뢰의 공진화

AI는 새로운 창작자를 낳았다. 그림을 그리고, 음악을 만들고, 글을 쓰며, 심지어 작곡가와 화가의 스타일을 학습한다. 그러나 이 창작물이 세상에 나올 때, 우리는 '누가 만들었는지'를 묻는다.

AI의 시대에 창작의 경계는 모호해지고, 원본성은 위태로워졌다. 블록체인은 여기에 출처^{provenance}를 부여한다. AI가 생성한 작품에 모델 버전, 데이터 출처, 생성 시간, 프롬프트 등의 메타데이터를 기록함으로써 생성물의 진정성의 계보를 남긴다.

이것은 단순히 저작권의 문제가 아니다. '신뢰할 수 있는 인공지능'을 만드는 첫걸음이다. 블록체인은 AI의 블랙박스를 투명한 로그북으로 바꾸며, 알고리즘의 결정 과정을 추적 가능하게 만든다. AI가 점점 자율적으로 판단하고 창작하는 시대일수록 그 판단과 창작의 '기록'은 인간이 만든 새로운 윤리적 책임의 틀이 된다.

데이터의 귀속과 보상의 재구성

AI는 데이터를 먹고 자란다. 그러나 오늘날 대부분의 데이터는 거대 기업의 서버 속에 갇혀 있다. 사용자는 콘텐츠를 생산하지만, 그 가치의 대부분은 플랫폼이 가져간다. 블록체인 기반의 데이터 네트워크는 이 구조를 재구성한다. 개인이 자신의 데이터를 지갑 형태로 소유하고 사용을 허락하며, 보상을 받는 구조를 설계할 수 있다.

예를 들어, 의료 데이터나 학습 이력, 행동 로그, 창작물 기록을 개인 DID와 연결하면, AI 기업은 사용자의 동의와 조건에 따라 데이터를 활용한다. 그 대가로 토큰이 지급되고, 사용자는 데이터의 진정한 주체가 된다. AI는 학습하고 블록체인은 그 학습의 경로를 기록하며, 데이터의 윤리적 순환이 가능해진다.

AI 에이전트와 블록체인의 계약 사회

가까운 미래에는 인간만이 아니라 AI 에이전트들도 경제 주체로 활동할 것이다. 에이전트가 계약을 맺고, 자금을 관리하며, 디지털 자산을 운용할 수 있으려면, 그들의 신원(ID)과 거래 로그가 필요하다. 블록체인은 AI의 DID와 스마트 컨트랙트 기반 지갑을 제공함으로써 에이전트가 서로 신뢰 가능한 거래를 수행하도록 돕는다.

이 구조에서는 사람과 사람, AI와 사람, AI와 AI 사이의 거래가 동일한 규칙 안에서 작동한다. 신뢰의 단위가 인간 중심에서 네트워크 중심으로 확장된다. 인간은 이제 '코드로 협력하는 시대'의 파트너가 된다.

메타버스 경제와 토큰 인프라

가상의 도시 안에서 건물은 NFT로 구현되고, 통화는 토큰으로 거래되며, 서비스는 스마트 계약으로 운영된다. 예를 들어, 가상 갤러리에서 전시된 작품은 블록체인 기반의 토큰으로 판매되고, AI는 구매자의 취향을 학습해 추천 큐레이션을 수행한다.

블록체인은 가상의 자산을 현실의 경제와 연결하는 다리가 되고, AI는 그 흐름을 개인화하며 가속한다.

AI는 사용자의 행동과 감정을 읽고, 블록체인은 그 데이터를 신뢰 가능한 거래 기록으로 남긴다. 한쪽은 인간의 욕망을 해석하고, 다른 한쪽은 그 욕망의 흔적을 증명한다. 결국 이 둘의 결합은 '데이터 기반 경제'에서 '신뢰 기반 경제'로의 전환을 완성한다.

윤리와 존재, 그리고 새로운 신뢰의 언어

AI와 메타버스, 블록체인의 융합은 단순한 기술의 합이 아니라 인간 존재의 확장에 관한 실험이다. 우리는 물리적 신체를 넘어 아바타로 존재하고, 현실의 감정을 디지털로 투사하며, 알고리즘의 판단을 신뢰한다. 그러나 이 세계가 진정한 의미의 '사회'가 되려면, 윤리적 장부가 필요하다. 누가 데이터를 만들었는가, 어떤 기준으로 AI가 결정을 내렸는가, 가상의 거래가 현실의 책임과 어떻게 연결되는가 등 그 모든 물음에 블록체인은 답을 한다.

한나 아렌트는 "책임이란, 세상에 함께 있다는 자각이다"라고 말했다. 블록체인과 AI의 시대, 그 책임은 더 이상 제도 속 문서가 아니라 기록된 코드의 선택으로 남는다. 기술이 인간의 상상력을 확장할수록 신뢰의 문법은 더 정교해져야 한다. 그리고 그 문법의 이름이 바로 블록체인이다.

4부

미래 전략과 나의 블록체인 여정

01

블록체인이 바꾸는 산업의 미래

우리는 오랫동안 기술이 세상을 바꾼다고 믿어왔다. 예를 들면, 증기기관은 산업혁명을 일으켰고, 전기는 공장을 움직였으며, 인터넷은 우리의 일상과 정보의 흐름을 완전히 새로 썼다고 말한다. 그러나 역사의 흐름을 자세히 들여다보면, 기술은 언제나 '신뢰를 재편하는 방식'으로 사회를 흔들었다. 거래를 가능하게 하는 신뢰의 구조가 뒤바뀔 때 산업의 판도 또한 함께 재편됐다. 즉 세상을 바꾼 것은 기술이 아니라 기술이 바꾼 신뢰의 구조라고 볼 수 있다. 미래 산업의 경쟁은 기술보다 신뢰의 구조를 설계하는 경쟁이다.

신뢰의 주인이 바뀌는 순간, 산업은 움직인다

블록체인은 단순한 데이터 저장 기술이 아니다. 그것은 신뢰의 구조와 권한을 중앙이 아닌 기술의 설계 방식 속으로 옮겨놓는 새로운 질서다. 지금까지 인간 사회에서 신뢰는 언제나 '중앙'에 기반을 두었다. 국가는 화폐를 발행하고, 은행은 자산을 관리하며, 플랫폼 기업은 사용자의 신원을 증명했다. 다시 말해, 신뢰는 특정 기관이 제공하고 관리하는 일종의 '서비스'였다. 그 권한은 국가에서 금융기관을 거쳐 거대 플랫폼 기업으로 이동해왔지만, 본질은 달라지지 않았다. 신뢰는 중앙에 집중돼야 한다는 것이 전통이었다.

그러나 블록체인의 등장 이후, 이 오래된 전제가 흔들리기 시작했다. 블록체인은 신뢰를 특정 기관에 맡기지 않고, 네트워크의 합의 절차에 분산시켰다. 과거에는 중앙은행의 보증이 있어야 화폐가 유통될 수 있었고, 오늘날에는 디지털 금융 시스템이 정상적으로 작동해야 우리의 자산이 이동한다.

하지만 블록체인 기반 디지털 자산은 단일 보증자 없이도 가치와 거래의 무결성을 스스로 증명한다. 신뢰가 기술 구조의 일부가 된 것이다. 국가는 더 이상 화폐의 절대적인 증명자가 아닐 수 있다. 은행은 자산 전송의 유일한 중개자가 아닐 수 있다. 플랫폼 역시 신분 인증의 독점자가 아닐 수 있다. 중앙의 승인 없이도 화폐가 작동하고, 결제가 이루어지며, 신원이 증명될 수 있다.

이는 단순한 대체 기술의 등장이 아니다. 기존 질서에 대한 일시적 저항도 아니다. 신뢰를 운영하는 방식 자체가 변화하는 근본적 전환이다. 중앙이 모든 진실을 증명해야 한다는 전통은 블록체인이라는 기술적 합의 체계 앞에서 새로운 국면을 맞이했다. 이제 신뢰는 권력의 서비스가 아니라 네트워크 참여자들이 공동으로 생산하는 구조가 된다. 신뢰의 증명 방식은 경제를 바꾸고, 경제는 산업을 움직이며, 산업은 사회 질서를 다시 설계한다. 우리가 목격하는 변화는 기술의 진보가 아니라 신뢰의 주인이 바뀌는 과정이다. 그리고 그 변화가 시작되는 순간, 산업과 사회는 어김없이 움직인다.

신뢰의 서비스를 만드는 것이 아니라 신뢰를 설계한다

지금까지 경제와 기술의 발전은 인간의 욕구를 충족시키는 제품과 서비스를 중심으로 움직여왔다. 그러나 디지털 네트워크가 사회 인프라를 흡수하며 확장해가는 오늘, 기업이 만드는 것은 단순한 상품이 아닌 '신뢰 시스템' 자체가 돼가고 있다.

산업화 시대의 기업은 생산을 확대하는 데 집중했다. 생산력이 곧 경쟁력이었고, 더 많이 만들고, 더 많이 유통하는 것이 성공의 기준이었다. 이후 인터넷 시대에는 제품보다 서비스를 구축하는 플랫폼 기업이 중심이 됐다. 사용자는 돈 대신 데이터를 넘겨주고, 플랫폼은 그 데이터를 기반으로 서비스를 제공했다. 이 시기에는 서비스를 많이 확보할수록, 더 많은 사용자를 모을수록 기업이 강해졌다.

그러나 블록체인 시대의 산업은 근본적으로 다른 규칙을 요구한다. 기업의 경쟁력이 제품이나 서비스를 독점하는 방식에서 신뢰 구조를 설계하고 그 공정성을 보장하는 방식으로 바뀐 것이다. 즉 기업은 단순한 제공자가 아니라 프로토콜을 만들고 생태계를 공정하게 운영하는 설계자가 된다.

　이 변화는 경제 주체의 역할이 바뀌는 전환이다. 과거의 소비자는 상품과 서비스를 구매하는 존재였다. 그러나 블록체인 네트워크에서 사용자는 단순한 소비자가 아니라 생태계의 참여자이자 기여자가 된다. 사용자는 데이터를 넘겨주는 존재가 아니라 자신의 데이터를 직접 소유하고 관리하는 주체가 된다. 소비자는 참여자로, 참여자는 소유까지 확장되는 새로운 경제 모델이 열린 것이다.

　블록체인 기반 산업에서는 기업이 사용자를 '소유'할 수 없다. 플랫폼도, 서버도, 데이터도 특정 기업이 독점하기 어려워진다. 오히려 사용자가 네트워크를 소유하고 생태계를 움직인다. 사용자는 프로토콜에 참여하고, 검증하고, 합의하며, 생태계를 스스로 유지한다. 기업은 그 생태계를 통제하는 것이 아니라, 설계하고 공정성을 보장할 책임을 갖는다.

　그렇다면 미래 산업의 강자는 누구일까? 단순히 제품을 잘 만드는 기업도 아니고, 사용자 데이터를 가장 많이 가진 기업도 아니다. 데이터의 독점이 신뢰를 보장하던 시대는 이미 지났다. 혁신적인 서비스만으로는 장기적 경쟁력을 확신할 수도 없다. 신뢰 구조를 가장 공정하게 설계하는 기업, 그것이 미래 산업의 승자가 된다.

　기술의 주인은 사용자가 되고, 가치의 흐름은 네트워크가 결정하며, 그 네트워크의 공정성을 보장하는 설계만이 권력을 갖는다. 결국 블록체인 시대의 기업 경쟁력은 기술 자체에 있는 것이 아니라 신뢰를 어떻게 설계하는가에 달려 있다. 신뢰가 공정하게 공유되는 구조를 만든 기업만이 진정한 미래를 지배할 것이다.

산업의 미래를 좌우하는 다섯 가지 변화

산업의 미래는 이제 제품이나 서비스의 경쟁이 아니라 신뢰를 어떻게 설계하고 운영하는가에 의해 결정된다. 블록체인은 기술과 분산 네트워크를 기반으로 권력·데이터·정체성·소유의 방식을 새롭게 배치하고 있다. 이 변화는 단순한 기술 발전이 아니라 사회 구조의 전환이며, 새로운 산업 질서를 만들어내는 다섯 가지 흐름으로 나타난다. 이 흐름은 기존 산업의 기초를 흔들고, 디지털 사회의 인프라를 다시 설계하며, 산업과 시민, 기업과 사용자 사이의 관계를 새롭게 조직한다.

첫째, 탈중앙 인증은 정체성의 주권을 되돌려줄 가능성을 연다. 과거 사용자는 플랫폼의 승인 아래에서만 존재할 수 있었다. 신원은 등록돼야만 사회적 참여가 가능했고, 확인은 언제나 누군가의 허락을 필요로 했다. 그러나 DID와 SSI 같은 분산 신원 기술은 사용자가 스스로 정체성을 증명하는 길을 연다. 한나 아렌트는 "정체성은 관계 속에서 드러난다"라고 말했다. 이는 기술 시대에도 적용된다. 신원은 등록과 소유의 대상이 아니라 참여와 검증을 통해 드러나는 권리가 된다.

둘째, 이른바 '프로토콜 경제'는 기업이 아닌 규칙이 계약을 실행하는 구조를 만든다. 지금까지 계약은 기업 서버에 저장돼야 효력을 갖고, 사용자 행위는 플랫폼 약관에 종속됐다. 그러나 스마트 계약과 네트워크 합의는 사람을 통하지 않아도 약속이 실행되는 시대를 연다. 로렌스 레식이 "코드는 법이다"라고 말했듯이, 앞으로는 법이 문서를 넘어 코드로 확장될 것이다. 기업의 의지보다 프로토콜의 공정성이 중요해지고, 계약은 기업이 아닌 네트워크가 수행하는 사회로 이동한다.

셋째, 신뢰 기반 데이터는 플랫폼의 독점을 무너뜨린다. 과거 데이터는 기업의 자산이었고, 사용자의 정보는 플랫폼에 잠식됐다. 그러나 블록체인 시대의 데이터는 기업이 소유하는 자원이 아니라 사용자가 참여권을 보유한 디지털 재산이 된다. MIT의 알렉스 샌디 펜틀랜드가 말했듯이, 데이터의 주권 없는 신뢰도 존재할 수 없다. 데이터는 개인의 권리이며, 사용자가 정보의 사용 여부를 선택하고 거부할 수 있을 때, 비로소 참여 행위로서 가치가 발생한다.

넷째, 디지털 행정 인프라는 축적을 통해 투명성을 확보한다. 전통적인 행정 기록은 수정되거나 삭제될 수 있었지만, 블록체인 기반 공공 서비스는 덮어쓰기가 아니라 추가 기록을 선택한다. 기록은 이렇게 시간의 층위 위에 쌓인다. 공공 서비스는 더 이상 '권한이 있는 자'가 투명성을 보장하는 구조가 아니다. 기록 자체가 투명성을 생산하는 구조로 변화한다.

다섯째, 커뮤니티 거버넌스는 산업을 소유가 아닌 합의의 구조로 재정의한다. NFT·DAO·Web3 생태계의 목적은 단순히 자산을 만드는 것이 아니다. 이들은 소유 개념을 넘어 관계와 운영 방식을 전환한다. 따라서 자산 자체가 아닌 함께 합의하는 공동체가 가치를 갖는다. 네트워크의 룰에 참여하고 검증하는 참여자들이 산업을 구성하는 힘이 되는 것이다.

결국 산업의 미래는 신뢰를 어떻게 설계하는가에 달려 있다. 디지털 사회의 경쟁력은 제품이나 데이터가 아니라 공정하게 운영되는 신뢰 구조에서 출발한다. 이는 산업이 서비스를 만드는 시대에서, 신뢰를 설계하는 시대로 이동하고 있음을 보여준다.

미래는 질문의 형태를 바꾼다

산업 시대의 질문은 언제나 '무엇을 만들 것인가?'였다. 기업은 제품을 만들고 공장은 생산을 확대하며, 시장은 소비를 촉진하는 방식으로 움직여왔다. 더 좋은 물건과 더 빠른 서비스와 함께 더 많은 고객을 확보하는 것이 곧 경쟁력이었고, 생산과 판매의 효율이 기업의 가치를 결정했다.

그러나 디지털 네트워크가 사회의 기반이 되고, 기술이 신뢰 구조를 바꾸는 시대로 접어들면서 이 질문은 더 이상 산업의 미래를 설명하지 못한다. 경제의 중심은 물건이 아니라 신뢰를 어떻게 구축하고 유지하느냐로 이동하고 있기 때문이다. 이제 우리는 산업을 바라보며 같은 질문을 되풀이하지 않을 것이다.

'무엇을 만들 것인가?'라는 물음은 곧 '누가 더 많이 생산할까?'라는 경쟁으로 이어졌다. 하지만 새로운 시대는 생산량이 아니라 신뢰 구조의 설계 방식으로 산업의 우열을 가린다. 그래서 '어떤 신뢰를 설계할 것인가'가 미래 산업의 최대 화두가 된다. 이는 곧 블록체인 기반 사회가 마주한 혁명적 전환의 핵심이다.

신뢰는 더 이상 기업이 제공하는 서비스가 아니며, 우리가 소비하는 결과물도 아니다. 신뢰는 기술의 일부가 되고, 프로토콜이 되고, 참여자들에 의해 함께 만들어지는 구조가 된다. 중요한 점은 이 질문이 기술자에게만 해당되는 것이 아니라는 사실이다.

신뢰를 설계하는 주체는 개발자나 기업만이 아니다. 사용자, 소비자, 시민 등은 물론이고 네트워크에 참여하는 모든 개인이 그 역할을 나누어 맡는다. 블록체인과 분산 시스템은 신뢰를 한 기관이 독점하지 않고, 참여하는 모든 주체가 공동으로 소유하고 검증하도록 설계된 구조이기 때문이다. 따라서 신뢰는 공장에서 생산되는 것이 아니라, 참여를 통해 맺어지는 계약이 된다. 미래의 산업은 거대한 회사가 만들어내는 것이 아니다. 실제로 대기업이 모든 것을 소유하고 통제하며 서비스를 제공하는 방식은 점차 힘을 잃고 있다.

　하지만 디지털 네트워크가 기반이 된 사회에서 미래의 산업은 많은 사용자와 시민들이 자신의 데이터와 권리를 되찾고, 함께 네트워크를 운영하고 공동의 프로토콜을 유지하며, 신뢰라는 자원을 되돌려 받는 방식으로 구성된다. 이는 플랫폼의 이용자가 기업의 데이터 자원이 아니라 네트워크를 함께 소유하는 참여자가 된다는 의미이기도 하다. 결국 미래는 '제품'이 아닌 '구조'에 주목한다. 산업의 경쟁력은 눈에 보이는 물건이 아니라 얼마나 공정하고 투명한 신뢰 구조를 만들었는가에 의해 평가된다.

　이 구조가 삐뚤어지면 기업은 빠르게 외면되고 사용자는 더 공정한 생태계로 이동할 수 있다. 따라서 앞으로의 기업은 신뢰를 설계하고 유지하는 설계자이자 운영자가 돼야 한다. 미래 산업을 지배하는 힘은 규모가 아니라 정당성이고, 독점이 아니라 참여이며, 더 많이 소유하는 능력이 아니라 더 공정하게 설계하는 능력이다. 신뢰가 사회적 자산으로 공유되는 순간, 산업의 주인은 기업에서 사용자로 이동한다. 제품을 만들던 시대에서, 신뢰를 되돌려주는 시대로. 미래는 그렇게 구축된다.

02

기회와 위험,
반드시 알아야 할 점

우리는 새로운 기술 앞에서 두 가지 상반된 감정과 마주한다. 하나는 기대이고, 다른 하나는 불안이다. 기대는 미래의 가능성을 향해 우리를 끌어당기고, 불안은 우리가 이미 누리고 있는 질서를 잃을지도 모른다는 두려움으로 우리를 망설이게 한다. 기술은 이 두 감정의 경계에서 우리의 판단을 시험한다. 블록체인도 예외가 아니었다. 그러나 미래를 선도하는 사람은 감정의 방향이 아니라 구조를 본다. 그리고 그 문을 먼저 열어서 새로운 시대의 질서를 만든다.

법과 제도는 기술보다 늦게 움직인다

블록체인이 만들어낸 새로운 신뢰 방식은 더 이상 가능성에 머물지 않는다. 그것은 이미 현실 속에서 작동하며, 국가·금융·산업의 질서를 조용히 바꾸고 있다. 한국은행, 유럽중앙은행, 중앙인민은행을 비롯하여 미국 연준 등 주요 기관은 중앙은행이 직접 발행하는 디지털 화폐(CBDC)를 시험하며 앞으로 화폐가 어떻게 유통되고 관리될지를 탐색하고 있다. 이는 지폐를 전자 형태로 바꾸는 차원이 아니라 화폐라는 사회적 약속을 다시 설계하는 근본적 변화다.

그러나 제도의 속도는 기술만큼 빠르지 않다. 블록체인의 등장은 급진적이었지만, 법과 제도는 기술이 열어둔 가능성을 따라가지 못하고 있다. CBDC가 바꾸는 것은 단순한 '화폐의 디지털화'가 아니다. 디지털 화폐가 누구에 의해 발행되고 어떻게 운영되며, 무엇을 통제할 수 있는가라는 정치적·사회적 구조의 문제다. 디지털 화폐는 추적이 훨씬 쉬워지고 개인의 금융 정보는 더욱 정밀하게 수집될 수 있다. 거래 데이터는 위변조가 어려워지겠지만 그 데이터에 대한 권한은 국가나 특정 기관으로 집중될 위험이 커진다. 신뢰는 기술적으로 보장되지만, 통제 권한은 오히려 중앙으로 회귀하는 역설이 발생할 수 있다.

결국 기술은 우리에게 '자유'를 약속하는 동시에 통제의 정교화를 함께 초대한다. 미래의 금융 구조는 더 안전하고 효율적일 수 있지만 개인의 권한은 더 쉽게 감시의 대상이 될 수도 있다. 기술이 만든 자유는 제도에 따라 확장될 수도 있으며 통제의 장치로 바뀔 수도 있다. 자유는 기술이 제공하지만, 그 자유를 어떻게 사용할

지는 제도가 결정한다.

따라서 우리는 기술의 속도에만 주목해서는 안 된다. 기술은 그 기회를 열어주지만 그 가능성을 누가 어떻게 사용할 수 있는지를 정하는 것은 법과 제도다. 미래의 질서는 기술보다 제도에 의해 더 강하게 결정될 것이다. 블록체인의 시대에 중요한 것은 속도가 아니고 방향이며, 그 방향은 특정 기관이 아니라 사회가 함께 선택해야 할 합의의 문제다.

거품과 투기, 시장은 인간의 욕망을 증폭시킨다

기술의 성숙보다 늘 먼저 오는 것이 있는데, 바로 거품이다. 인터넷이 그러했고, 철도가 그러했으며, 전기 산업 또한 마찬가지였다. 새로운 기술이 등장할 때마다 시장은 그 가능성에 먼저 열광하고, 투기적 자본은 기술보다 앞서 달려 나간다. 투기 광풍은 종종 무질서하고 위험해 보이지만, 역설적으로 새로운 기술이 대중에게 알려지기 위해 치러야 할 비용이자 통과의례였다. 기술이 성숙하는 과정에서 거품은 낭비가 아니라 변화를 알리는 '확성기' 역할을 해왔다.

블록체인 역시 예외가 아니었다. 가짜 프로젝트가 넘쳐났고 근거 없는 수익 약속이 쏟아졌다. 사람들은 기술의 본질보다 가격의 등락에 더 민감하게 반응했고, '단 하루 만에 부자가 되는 꿈'은 진짜 기술의 가능성을 가려버렸다. 그러나 이 과열된 탐욕의 시대는 블록체인이라는 이름을 전 세계에 각인시키는 역할을 했다. 투기의 열풍은 기술을 왜곡했지만, 동시에 기술을 대중에게 알린 수단이

기도 했다.

　문제는 투기 자체가 아니라 투기가 기술을 오해하게 만드는 방식에 있다. 누군가는 블록체인을 '돈 버는 기계'로 오해했고, 코인은 단순히 등락을 반복하는 투기 상품으로 취급됐다. 그러나 블록체인은 돈을 만들어내는 장치가 아니라 신뢰를 분산시키는 구조적 혁신이다. 코인은 가격이 아니라 네트워크 참여 권리이며, 사용자가 생태계의 일부가 되는 참여 증명이다. 시장의 변동은 기술이 실패해서가 아니라 기술보다 기대가 더 먼저 부풀어올랐기 때문에 발생한다.

　투기는 기술을 부패시키지 않는다. 다만, 우리가 기술을 바라보는 눈을 왜곡시킬 뿐이다. 거품은 반드시 사라지지만, 구조적 변화는 남는다. 기술의 가치는 시장의 소음 속에서도 사라지지 않는다. 블록체인의 핵심은 수익이 아니라 신뢰를 다시 설계하는 방식에 있으며, 그 가치는 가격이 아닌 구조의 변화로 증명된다. 기술의 진짜 가치는, 신뢰를 바꾸는 구조에 있다.

해킹과 사기, 그리고 플랫폼의 그림자

　블록체인은 완벽한 보안을 제공하는 기술이 아니다. 오히려 공격 비용을 비경제적으로 높임으로써 안전을 확보한다. 다시 말해, 블록체인은 위험을 제거하는 기술이 아니라 위험을 감당하기 어렵게 만드는 구조적 장치다. 공격자가 막대한 비용과 시간을 지불하게 만든다는 점에서, 블록체인의 보안은 '절대적 안전'이 아니라 경제적 방패에 가깝다.

그럼에도 사고가 발생하는 것은 블록체인이 해킹당했기 때문이 아니다. 문제는 블록체인 기술이 적용된 서비스나 플랫폼이 공격받기 때문이다. 기술은 분산돼 있지만, 그 기술을 운영하는 기업과 서비스는 여전히 중앙화된 방식으로 관리된다. 바로 이 불일치가 취약점을 만든다. 예를 들어, 코인을 안전하게 보관해야 할 거래소가 공격을 당하고, 잘못 설계된 스마트 컨트랙트가 치명적 오류를 노출하며, 개인이 지갑의 비밀키를 스스로 유출해 자산을 도난당하기도 한다.

이러한 사건들에서 공격 대상은 블록체인 기술이 아니라 부분적으로만 탈중앙화를 구현한 중앙집중형 서비스들이다. 결국 위험은 '탈중앙화 기술'이 아닌, 탈중앙화를 가장한 중앙집중형 운영에서 발생한다. 즉 블록체인은 안전하지만, 블록체인을 사용하는 인간과 기업은 여전히 불완전하다.

기술이 아무리 견고하더라도 그것을 운영하고 관리하는 사람들이 취약하다면 신뢰 체계는 언제든 무너질 수 있다. 따라서 블록체인을 이해하려면 기술 자체를 배우는 것에 그치지 않고 책임 있는 서비스를 선택하고, 스스로 자산을 지킬 수 있는 능력을 갖추어야 한다. 기술이 안전할수록 그것을 다루는 인간의 윤리와 판단이 더 중요해진다. 블록체인 시대에 필요한 것은 안전한 기술에 대한 '맹신'이 아니라 책임 있는 사용자의 능력이다.

데이터 주권 분쟁, 신뢰가 위협받는 방식

블록체인은 데이터를 개인에게 되돌려준다. 그러나 데이터를 돌려받는 순간, 그 데이터에 대한 책임도 함께 반환된다. 지금까지 데이터는 기업과 플랫폼이 대신 보관하고 관리하는 자산이었다. 사용자는 자신의 정보를 통제하지 못하는 대신, 책임을 지지 않아도 되는 편리함을 누렸다.

그러나 DID·NFT·Web3 서비스는 데이터의 소유권과 통제권을 사용자에게 돌려주는 동시에 책임이라는 무게도 함께 건네준다. 이러한 기술은 권리를 보장하고 자유를 확장하지만, 그만큼 새로운 부담을 사용자에게 요구한다. 데이터는 개인이 직접 관리해야 하고, 소유권은 서비스 업체가 아니라 사용자가 스스로 지켜야 한다. 자유는 기회를 확대하는 대신 언제나 책임을 전제로 한다.

사용자가 직접 데이터와 자산을 관리하는 환경에서는 분실 위험이 항상 존재한다. 지갑 키를 잃어버리는 순간 자산을 되찾을 방법이 없고, 도난이 발생해도 플랫폼이나 기관이 대신 책임을 져주지는 않는다. NFT의 소유 기록은 영구적으로 남으며, 신원 인증 정보 또한 쉽게 사라지지 않는다. 블록체인은 데이터를 안전하게 보호해주긴 하지만, 데이터가 영구적으로 기록된다는 점은 또 다른 부담이 된다.

탈중앙 기록은 '삭제'가 아니라 '추가 기록'을 통해 정정된다. 한번 저장된 기록은 덮어쓰는 방식으로 사라지지 않고 정정된 정보조차 흔적을 남기며 축적된다. 이것은 투명성과 책임을 강화하는 반면, 과거의 정보가 완전히 사라지지 않는다는 의미이기도 하다. 특히 공공 기록에서 이러한 문제는 더욱 중요해진다. 행정·의료·교육·법률 기록이 블록체인에 저장될 경우 잘못된 정보는 '지워지는 방식'이 아니라 정정된 기록이 함께 남는 방식으로 관리된다. 이 구조는 투명성을 보장하지만 동시에 '잊힐 권리'에 대한 새로운 논쟁을 불러온다. 과거의 실수와 기록이 영구히 남는 사회는 정보의 정확성뿐 아니라 용서와 재평가의 기준도 요구한다. 블록체인은 '기억의 기술'이다.

그러나 미래 사회는 이 강력한 기억 앞에서 '잊힐 자유'를 어떻게 보장할 것인가를 다시 고민해야 한다. 데이터의 소유가 자유라면 그 자유는 책임과 함께 균형을 이루어야 한다. 기술이 모든 것을 기억하는 시대에 우리는 잊힐 권리에 대해서 고민해야 한다.

03

투자와 투기의 경계

우리는 새로운 기술을 마주할 때마다 같은 질문을 던진다. '이것의 가치는 무엇인가?' 그러나 역사를 돌아보면, 가치라고 불려온 것들 중 상당수는 실제로는 숫자의 외형을 한 인간의 욕망이었다. 시장을 움직여온 것은 기술적 사실이나 재무적 수치가 아니라 집단이 품는 욕망과 그 욕망이 향하는 신뢰의 방향이었다. 그렇다면 블록체인은 이 욕망의 무대에서 예외가 될 수 있을까? 새로운 기술이라고 해서 욕망의 영향을 벗어나는 것은 아니다. 가치를 만드는 것은 숫자가 아니라 숫자 속 욕망을 어떻게 해석하느냐에 달려 있다. 그렇기에 블록체인은 또 한 번, 가치 해석의 새로운 무대가 될 것이다.

투기의 본질은 인간이다

블록체인 시장이 투기적으로 보였던 이유는 기술 때문이 아니었다. 그 원인은 인간이 '미래의 가치'를 오직 수익의 언어로만 해석한 방식에 있었다. 새로운 기술이 등장할 때, 우리는 그것이 사회를 어떻게 바꿀지를 묻기보다 그것이 나에게 얼마나 이익을 가져다 줄지를 먼저 계산했다. 블록체인은 신뢰의 구조를 재설계한 혁신이었다. 그러나 대중의 시선은 기술이 아니라 그 기술을 통해 얻을 수 있는 금전적 가능성에 쏠렸다. 사람들은 기술을 이해하지 않아도 수익을 얻을 수 있다고 믿었다. 암호화폐를 소유하는 것은 단순한 투자 수단으로 인식됐다.

많은 사람이 '이 기술은 무엇을 바꾸는가?'라는 질문 대신 '이 기술로 얼마나 벌 수 있는가?'라는 질문을 택했다. 소유가 아닌 가격 변동을 중심에 놓고, 참여가 아닌 수익률을 미래의 지표로 삼았다. 사람들은 가치를 찾기보다 '속도'를 욕망했다. 기술의 방향을 탐구하기보다는 수익이 발생하는 속도와 매매 타이밍을 분석하는 데 열정을 쏟았다. 기술이 사회를 어떻게 바꿀지에 대한 고민은 뒷전으로 밀리고 그래프의 기울기가 기술의 성숙보다 더 중요한 정보가 됐다. 그 결과 우리는 기술을 보려 하지 않았고 대신 더 쉽고 빠르게 측정 가능한 '숫자'만 바라보았다.

블록체인의 철학은 신뢰의 탈중앙화와 데이터 권한의 개인 환원 등 사회적 합의 과정의 참여 확대라는 구조적 변화에 있다. 그러나 많은 이들은 이러한 철학을 이해하기보다 기대 수익과 가격 변동을 먼저 학습했다. 기술은 사회적 변화를 위한 도구였지만, 대중은 그것을 투자 도구로 먼저 받아들였다. 그렇다고 해서 투기적 열풍이 기술을 파괴한 것은 아니다. 투기는 기술을 오염시키지 않는다.

블록체인은 여전히 그 본질을 지키고 있다. 다만 투기는 기술의 방향을 욕망이 만든 그림자 속에 묻어버린다. 기술을 바라보는 시선을 흐리게 하고 숫자만 남게 만드는 것이다. 문제는 기술을 해석하는 인간의 언어가 왜곡된 데 있다. 수익률이라는 언어만을 사용하면 기술의 철학은 금전적 욕망으로 번역되고 변질된다. 기술이 아닌 '가격표'가 미래를 결정하는 기준이 되는 것이다.

그러나 가격은 기술의 목적이 아니며 기술의 가치는 가격으로 측정될 수 없다. 블록체인을 투기의 무대에서 벗어나게 하는 힘은 기술의 속도가 아니라 우리가 그 기술을 어떤 언어로 읽느냐에 달려 있다. 기술을 가격으로 해석할 것인가? 아니면 신뢰와 구조 변화의 언어로 해석할 것인가? 미래의 기술은 숫자가 아니라 해석의 방식에 의해 결정된다. 결국 기술이 바꾸는 것은 시장이 아니라 '가치를 해석하는 인간의 태도'다. 우리가 욕망 속에 묻혀 있던 진짜 가치를 발견할 때, 비로소 블록체인은 투기의 시대를 넘어 신뢰의 기반으로 사회에 자리잡게 될 것이다.

투자와 투기의 경계는 수익이 아닌 참여 방식이다

'투자는 건전하고, 투기는 나쁘다'는 생각은 잘못된 구분에서 출발한다. 투자와 투기 모두 수익을 목적으로 하며, 욕망의 방향도 크게 다르지 않다. 따라서 무엇에 참여하고 있는가가 두 행위를 가르는 기준이 된다.

투자의 현인 워런 버핏은 이렇게 말했다. "가격은 당신이 지불하는 것이고, 가치는 당신이 얻는 것이다." 이 말이 보여주듯, 투자의 핵심은 가치가 형성되는 과정에 있다. 투자는 미래의 가치가 만들어지는 구조에 참여하는 행위로, 기술과 생태계가 어떻게 성장하는지 이해하고, 자신의 자본이 그 구조 속에서 어떤 역할을 하는지 고민한다.

반면 투기는 가치가 만들어지는 과정에 참여하지 않는다. 가격이 오르는 순간에 올라타고, 숫자의 변동에 자신의 욕망을 건다. 투자는 가치를 함께 만드는 행위이며, 투기는 가치의 결과만 소비하려는 태도다. 또한 투자자는 네트워크가 어떻게 운영되고, 시장이 어떤 원리로 움직이는지 살피는 등 기술과 구조를 이해하려고 노력한다.

반면 투기자는 정보를 분석하지 않고, 스스로 판단하기보다 소문과 타인의 말에 의존한다. 가치의 실체보다 가격의 움직임에만 몰두하며, 미래의 구조가 아니라 그래프의 기울기를 숭배한다. 경제학의 거장 존 메이너드 케인스는 이렇게 경고했다. "시장은 당신이 이성적일 수 있는 시간보다 더 오래 비이성적일 수 있다."

투자자는 생태계의 일부가 된다. 기술을 이해하고, 네트워크에 참여하며, 시장이 어떤 철학과 원리로 운영되는지를 고민한다. 반면 투기자는 생태계 밖에서 가격만 소비한다. 가치를 만들지도, 가치를 검증하지도 않으며, 단지 높아진 가격을 '소유한 듯' 착각할 뿐이다. 그래서 투기란 소유하지 않은 것을 소유했다고 믿는 착각에 지나지 않는다.

앞에서 말했듯이, 투자는 가치의 생산 과정에 참여하는 것이고, 투기는 가치의 결과를 소비하는 과정에만 참여할 뿐이다. 두 행위 모두 수익을 추구하지만, 그 수익이 어디에서 오는지 이해하는가가 결정적 차이를 만든다.

철학자 프리드리히 니체는 "사람은 자신이 이해하지 못하는 것에 쉽게 지배당한다"라고 말했다. 결국 문제는 수익을 내는 것이 아니다. 무엇을 소유했다고 믿느냐가 문제다. 진정한 소유는 숫자를 보유하는 것이 아니라 가치가 만들어지는 구조를 이해하고 참여하는 데서 시작된다.

투자자는 구조를 함께 만들고, 투기자는 구조의 흔적만 소비한다. 기술의 시대에 진정한 참여자가 되려면 수익을 계산하기 전에 구조를 읽어야 한다. 투자의 언어는 가격이 아니라 이해이며, 투기의 언어는 이해가 아니라 속도다. 미래의 시장은 가치를 함께 만드는 사람에게 보상할 것이며, 가치를 소유한 척하는 사람에게는 아무것도 남기지 않을 것이다. 오늘날의 투자는 수익을 쫓기보다 가치를 함께 설계할 능력을 요구한다.

도박과 신앙의 구분, 욕망은 단순하게 움직이지 않는다

가격이 오르내리는 순간 사람들은 숫자를 보고 움직인다고 생각하지만, 실제로 욕망은 숫자보다 빠르게, 그리고 비합리적으로 반응한다. 우리가 가격 변동에 일희일비하는 이유가 무엇일까? 단순히 수익 때문일까? 아니다. 그것은 '확신'이라는 감정적 안전을 찾기 때문이다. 인간은 확신을 원하고, 때로 그 확신은 데이터보다 더 위험한 신앙이 된다. 독일 극작가 베르톨트 브레히트는 "인간의 불안이 종교를 만들었다"라고 말했다.

블록체인 시장에서도 불안은 종교와 닮은 확신을 만들어냈다. 사람들은 기술의 원리보다 미래에 대한 막연한 믿음에 더욱 매달렸다. 그래서 시장은 다음과 같은 예언들로 가득 찼다. '곧 오른다'는 예언이나, '이 프로젝트는 세상을 바꾼다'는 맹신. 그리고 '모두가 부정하니까 오히려 진짜다'라는 역설적 신앙 등은 모두 팩트에서 벗어난 것들이다. 이 확신들은 결국 불안이 만든 안전장치였다.

인간은 불안을 숨기기 위해 확신의 언어로 그 불안을 제압하려 한다. 확신이 커질수록 욕망은 안정돼 보이지만, 실제로 그것은 불안을 덮기 위한 얇은 방어막에 불과하다. 도박은 우연에서 확신을 만든다. 기계적 확률에 의미를 부여하고, 아무 의미도 없는 결과를 기적처럼 해석한다.

투기는 불안에서 확신을 만든다. 불확실성을 감당할 수 없기 때문에 그 불확실성에 종교적 의미를 덧씌우는 것이다. 반대로 투자는 확신이 아니라 검증을 요구한다. 투자는 미래를 예언하려 하지 않는다. 투자는 미래의 구조를 분석하고, 관계를 조사하며 '어떤 네트워크인가?', '누가 운영하는가?'라는 질문을 던진다. 투자는 열광이 아니라 관찰이고, 기대가 아니라 이해다.

철학자 스피노자는 "이해하지 못한 것을 사랑할 수도, 증오할 수도 없다"라고 말했다. 투자의 언어는 체념이나 감탄이 아닌 이해의 언어다. 이해하지 못한 것을 소유할 수 있다고 믿는 순간, 우리는 투기의 영역으로 떨어진다. 이해 없는 소유는 환상이며, 소유하지 않은 것을 소유했다고 믿는 착각이 된다. 투기는 불안을 감추기 위한 확신이고, 투자는 이해되지 않은 것은 소유할 수 없다는 겸허함이다. 투기자는 불안을 신앙으로 위장하지만, 투자자는 불안을 질문으로 바꾼다.

결국 미래의 기술 앞에서 중요한 것은 태도다. 욕망을 속도로 바꾸어버리는 투기적 태도가 아니라 욕망을 구조로 해석하려는 투자적 태도다. 기술의 시대에 진정한 참여자는 확신을 외치지 않는다. 이해하려고 멈춰 선다. 그 멈춤이야말로 투기가 아닌 투자를, 신앙이 아닌 이해를, 열광이 아닌 성찰을 가능하게 만든다.

투자자는 시장 참여자가 아니라 정치적 시민이다

블록체인 시대에 투자자는 더 이상 단순한 시장 참여자가 아니다. 그는 매수와 매도를 반복하는 경제적 소비자가 아니라 신뢰 체계를 구성하고 유지하는 정치적 시민이다. 블록체인 경제는 합의와 거버넌스로 운영되는 사회적 구조라고 볼 수 있다. 따라서 토큰은 그 구조 속에서 권리와 책임을 지닌 시민증과 같다.

'주권은 양도되는 것이 아니라 행사되는 것이다'라는 프랑스 정치철학자 장 자크 루소의 말처럼, 블록체인에서 토큰은 단순한 거래 수단이 아니라 주권을 행사할 수 있는 참여 권력이다. 토큰은 돈의 형태를 띠지만, 그 본질은 다음과 같다.

- 네트워크에 기여할 권리
- 거버넌스에 참여할 발언권
- 자신의 자산을 스스로 책임지는 주권적 위치

따라서 블록체인 시장은 정치적 참여의 장이며, 투자자는 정치적 시민의 역할을 수행한다. 그는 생태계의 투명성을 감시하고 프로젝트의 방향을 선택하며, 시스템 개선에 합의하는 존재다. 한나 아렌트는 "행동하지 않는 자유는 자유가 아니다"라고 강조했다.

블록체인 생태계에서 시민으로서의 행위가 없다면, 토큰을 소유하는 것은 단지 수익을 기다리는 태도에 지나지 않는다. 참여 없는 소유는 권리가 아니며, 책임 없는 이익은 시민적 행위가 아니다. 전통 금융 시장에서 수익은 거래의 결과였지만, 블록체인에서 수익은 시민으로서의 참여에 대한 보상이다. 수익은 '권리 행사'에서 파생된 인센티브이며, 공정한 합의 구조를 유지하는 사람에게 부여되는 보상이다. 이는 단순한 투기적 가격 상승의 결과가 아니다.

블록체인 경제에서는 돈을 많이 가진 사람에게 권한이 주어지지 않는다. 권력은 신뢰 구조에 참여한 자에게 주어지며, 자본이 아니라 네트워크가 인정한 기여와 책임에서 나온다.

미국의 정치철학자 마이클 샌델Michael Sandel은 "시장에는 정의할 수 없는 영역이 있다. 그것을 정치가 정의한다"라고 말한다. 따라서 블록체인은 바로 그 정치적 정의를 기술로 구현하려는 시도다. 토큰을 보유한다는 것은 곧 신뢰의 행정에 참여한다는 의미다. 블록체인 생태계에서 토큰은 신뢰 체계를 공동 운영하는 시민 자격증이기 때문이다.

그러므로 진정한 투자자는 구조를 설계하고 거버넌스를 검토하며, 공정한 합의를 감시하는 사람이다. 그는 수익을 생각하기 전에 먼저 한 사람의 시민으로서 신뢰의 민주주의를 실천해야 한다. 이 시대에 권한은 돈이 아니라 참여에서 나오며, 수익은 탐욕이 아니라 책임에서 만들어진다. 결국 블록체인은 시민이 운영하는 새로운 정치경제 체제다. 그 체제 속에서 투자자는 신뢰를 관리하고 공동 운영하는 정치적 시민으로 살아가야 한다.

가치는 함께 만드는 것이다

그렇다면 투자의 핵심은 뭘까? 물론 숫자도 아니고 욕망도 아니다. 무엇을 함께 만들어가느냐가 바로 투자의 핵심이다. 사람들은 주가의 움직임이나 토큰의 가격으로 미래를 해석하려 한다. 하지만 가격은 기술이 만든 것이 아니라 기술을 어떻게 함께 운영하고 성장시키느냐에 따른 결과다. 투기는 소유하지 않은 것을 소유했다고 믿게 만든다. 가격이 오르면 무언가를 갖고 있는 듯 착각하게 하고, 그 가치는 자신의 기여와 무관하다고 여기게 만든다.

그러나 실체가 없는 소유는 가격이 떨어지는 순간, 아무것도 남기지 않는다. 반면 투자는 무엇이 그 가치를 지탱하고, 어떤 구조가 이를 유지하는지를 이해하고 참여한다. 다시 말해, 가치를 소비하는 행위가 아니라 가치를 함께 만드는 과정인 것이다. 결국 무엇을 믿느냐가 아니라 어떤 구조에 참여하는가가 중요하다.

믿음은 감정이지만, 참여는 구조를 바꾸는 실천이다. 참여가 없다면 소유도 없다. 수익을 쫓기 전에 관계를 선택하는 것이 무엇보다 중요하다. 어떤 기술에 참여하고 어떤 생태계에 기여하며, 어떤 공동체와 신뢰를 쌓느냐가 미래의 가치를 결정하기 때문이다. 블록체인 시대의 투자자는 수익을 기다리는 소비자가 아니라 신뢰의 구조를 함께 설계하는 건축가다.

따라서 투자는 신뢰를 어떤 방식으로 구축하고 나누는가가 관건이다. 신뢰를 공유하는 방식이 가치의 크기를 결정하고 그 가치에 기여한 사람이 비로소 보상받는다. 참여하지 않는 자는 아무리 많은 토큰을 보유해도 신뢰를 갖지 못한다. 가격은 흔들릴 수 있지만 함께 만든 신뢰는 쉽게 흔들리지 않는다. 블록체인 시대의 진정한 투자자는 숫자를 가진 자가 아니라 신뢰의 건축물에 이름을 남기는 사람이다.

04

법적 이슈와 규제 환경

기술은 자유를 약속하지만, 자유는 규칙 위에서만 지속된다. 우리는 블록체인을 '중앙에서 벗어난 기술'이라고 말한다. 그러나 기술이 자유를 가져온다고 해서 그 자유가 곧바로 사회의 질서가 되는 것은 아니다. 자유는 법과 제도의 경계 안에서만 권리가 된다. 블록체인이 신뢰를 분산하는 기술이라면, 법과 제도는 그 신뢰가 어떤 방식으로 인정될 것인가를 규정하는 역할을 한다. 기술은 먼저 질주하고, 법은 그 뒤를 따라온다. 하지만 규제가 뒤처지는 동안 시장은 혼탁해지고, 불확실성은 개인에게 떠넘겨진다. 따라서 우리는 기술의 미래만큼, 제도가 어디로 향하는가를 읽을 수 있어야 한다.

각국의 디지털 화폐 정책, 통제와 혁신

블록체인 기술은 '금융의 권한'을 다시 사회로 돌려주려는 흐름을 만들었다. 개인이 은행과 정부를 거치지 않고도 자산을 보유하고, 거래 증명을 스스로 관리할 수 있다는 점에서 금융의 권한은 중앙에서 개인으로 이동하는 듯 보였다.

그러나 각국 정부는 이 변화에 민감하게 반응했다. 그 이유는 단순히 기술이 낯설어서가 아니라, 화폐 발행권이 국가 주권의 핵심이기 때문이다. 화폐는 단순한 거래 수단이 아니라 국가 권력과 금융 시스템을 유지하는 도구이며, 국가는 이 권한을 민간 기술에 넘겨줄 수 없었다.

이 상황에서 등장한 것이 CBDC(중앙은행 디지털 화폐)다. CBDC는 블록체인의 원리를 응용하지만 탈중앙화가 아닌 중앙은행의 직접 발행 방식을 택했다. 한국은행, 유럽중앙은행, 중국인민은행, 미국 연준 등 주요 국가는 모두 CBDC 연구를 진행하거나 시범 운영 단계에 들어섰다.

중국은 이미 일부 지역에서 디지털 위안화(e-CNY) 상용화를 시도 중이며, 유럽과 미국은 국제 송금과 정책 집행, 규제 활용 가능성을 검토하고 있다. CBDC의 목적은 단순히 디지털 결제를 편리하게 만드는 데 있지 않다. 실제 목적은 현금 없는 사회 대비, 불법 자금 흐름 감시와 경제 정책 집행 효율화를 비롯하여 국제 송금 시스템의 통제 등 정책 통제와 국가적 효율화에 있다.

예를 들어, 정부가 경기 부양 정책으로 지원금을 배포할 때 CBDC를 사용하면 지급 속도가 빨라질 뿐만 아니라, 사용처 제한,

만료 시점 설정과 같은 정책 기능을 구현할 수 있다. 즉 돈이 어떻게 사용되는지까지 통제하는 새로운 통화 제어 방식이다. 이는 중앙화의 후퇴가 아니다. 새로운 형태의 디지털 중앙화의 등장이며, 블록체인이 만들어낸 기술적 결실을 국가가 통화정책의 언어로 다시 해석하고 있는 것이다.

블록체인의 기술이 화폐 주권의 이동을 예고했기 때문에 국가는 기술을 거부하지 않고, 오히려 자신의 시스템 속으로 흡수하는 방식을 선택했다. 결국 국가가 두려워한 것은 기술 자체가 아니라 기술이 이동시킬 수 있는 권력의 방향이었다. 블록체인은 개인에게 권한을 되돌려주려 했고, CBDC는 그 권한을 다시 국가 시스템 안에 묶어두려 한다. 기술과 제도는 서로를 견제하는 방식으로 공존하고 있으며, 미래 금융의 경쟁은 누가 신뢰를 통제하는가를 둘러싼 주권의 문제로 이어지고 있다.

자산 규제는 보호인가, 통제인가?

암호화폐 가격 변동이 커지고 투기 열풍이 확산되자, 각국 정부는 '투기 억제'라는 이름으로 규제를 시작했다. 많은 사람들은 이를 억압적 조치로 바라보았지만, 규제의 본질은 투기 억제가 아니었다. 실제 목적은 소유권과 책임 구조를 명확히 하는 것이었다.

시장 보호는 사기와 불법 자금 유입을 막기 위한 것이고, 투자자 보호는 거래소의 책임 범위를 정하는 일이다. 과세 논의는 자산으로 인정한다는 신호이며, 정보 공개는 발행 주체에게 책임을 부여하는 장치다. 즉 규제는 자유를 막기 위해 등장한 것이 아니라 디지털 자산이 '권리'로 인정받을 수 있도록 책임을 설정하는 과정이었다. 결국 책임 없는 자유는 규제가 되고, 책임이 부여된 자유는 권리가 된다. 제도는 자유를 억압하는 장벽이 아니라 자유가 공적 질서 속에서 보호받을 수 있도록 만드는 틀이다.

예를 들면, 스마트 컨트랙트는 '스스로 실행되는 계약'이다. 누군가 승인하지 않아도 실행되고, 누구도 임의로 조작할 수 없어야 한다. 기술적으로 이것은 혁신이지만, 법적 관점에서 질문은 오히려 단순하다. 오작동 시 누가 책임지는가? 코드 오류로 피해가 발생하면 누구를 소송하는가? 자동 실행된 결과를 취소할 수 있는가? 등의 질문이 발생할 수 있다.

현재 대부분의 국가는 이 질문에 명확히 답하지 못한다. 이 때문에 많은 블록체인 서비스가 겉으로는 탈중앙화를 주장하면서도, 실제로는 중앙화된 운영 주체를 둔다. 이유는 분명하다. 기술은 탈중앙화를 약속했지만, 법과 제도는 책임을 위해 부분적 중앙화를 요구하기 때문이다.

법은 탈중앙화의 속도를 늦추는 장애물이 아니다. 오히려 책임의 빈틈이 기술적 자유를 집어삼키지 않도록 만드는 안전망이다. 기술이 자유를 약속한다면, 법은 그 자유가 무책임으로 변하지 않도록 지켜준다. 미래의 금융과 자산은 기술만으로 완성되지 않는다. 법적 책임이 마련될 때, 비로소 기술의 자유가 '권리'가 된다.

공공 기록과 잊힐 권리, 기술과 인권의 충돌

한번 저장된 데이터는 덮어쓰거나 수정하지 않고 새로운 정보를

'추가'하는 방식으로만 남는다. 이 원리는 기록을 위조하거나 사라지게 만들 수 없게 하며, 시간이 지나도 투명하게 검증할 수 있는 신뢰를 제공한다. 공공 서비스가 이 기술을 도입한다면 행정 문서, 의료 이력, 교육 및 재산 기록 등은 조작할 수 없고, 책임을 회피하기 어려운 구조가 된다. 누군가의 권력으로 역사를 바꾸는 일 역시 한층 더 어려워진다.

그러나 이 장점이 때로는 인권과 충돌한다. 기록이 영구적이라는 것은 인간의 과거 또한 영구적으로 봉인될 수 있다는 뜻이기 때문이다. 과거의 범죄 기록, 신원 정보, 실수와 실패 등이나 혹은 지우고 싶은 디지털 흔적까지 사라지지 않는다면, 그 기술은 보호가 아니라 부담이 될 수 있다.

사회는 인간에게 두 가지 권리를 부여해왔다. 책임을 져야 할 때, 과거를 증명할 권리가 그 하나이며, 다른 하나는 다시 시작해야 할 때, 과거에서 벗어날 권리다. 블록체인은 전자를 강하게 보장하지만 후자를 위협할 가능성을 만들어낼 수 있다. 기술은 '신뢰의 보존'을 목표로 하지만, 인간의 삶은 반드시 '변화의 가능성'을 필요로 한다. 과거의 실수가 영원히 남아 있다면 사람은 과거로부터 자유로울 수 없고, 실수 이후의 변화와 회복 또한 제한될 수 있다.

블록체인은 분명 신뢰의 기술이다. 그러나 인권과 결합될 때는 신뢰와 책임, 기억과 자유 사이에서 균형이 필요하다. 기술이 기억의 권리를 우리에게 준다면 인간에게는 그 반대편에 있는 잊힐 자유도 필요하다. 기술은 모든 것을 기억하려 하지만 인간은 때로는 잊고, 다시 시작하고, 새롭게 정의되기 위해 망각의 여지를 가져야 한다.

　미래 사회의 선택은 단순한 기술 도입이 아니다. 무엇을 기억하고, 무엇을 잊을 수 있게 할 것인지에 대한 인권적 설계도 수반되어야 한다. 블록체인이 신뢰의 기반을 세운다면 인간은 그 위에 '다시 시작할 수 있는 자유'라는 두 번째 기반을 함께 놓아야 한다.

05

지속 가능한 Web3 생태계

Web3 생태계는 참여자가 직접 가치의 질서와 보상의 구조를 설계하는 경제 시스템이다. 이곳에서 사용자는 소비자가 아니며, 기업도 단순한 공급자가 아니다. 생태계를 구성하는 모든 행위자는 '참여자'라는 공통된 이름을 가진다.

그렇다면 참여는 어떻게 가치를 만들고, 가치는 어떤 방식으로 경제적 지속성을 확보할 수 있을까? 이 질문에 답하는 과정이 바로 Web3 경제를 설계하는 일이다.

생태계는 기술보다 관계 구조로 만들어진다

전통적 시장은 공급자와 소비자가 구분된 체계였다. 기업이 가치를 생산하고, 사용자는 그것을 구매하며 소비했다. 생산과 소비는 역할이 분리돼 있었고, 기업은 플랫폼이라는 공간을 통해 가치를 독점했다.

그러나 Web3의 핵심은 이 역할의 경계를 무너뜨린다는 데 있다. Web3 생태계에서는 가치의 생산과 소유가 특정 기업이 아닌 네트워크 참여자 전체에 의해 집단적으로 이루어진다. 사용자는 단순히 서비스를 소비하는 존재가 아니라 검증하고, 운영하고, 기여하며 생태계를 구성하는 공동 생산자가 된다.

기존 웹과 Web3 생태계는 구조적으로 다르다. 기존 웹에서 플랫폼은 서비스를 제공했지만 Web3에서는 프로토콜이 규칙을 제공한다. 기존 웹에서 사용자는 소비자였지만, Web3에서는 참여자이자 검증자이다. 기존 웹에서는 기업이 모든 자산을 소유했으나, Web3에서는 커뮤니티가 공동으로 소유권을 갖는다. 기존 웹에서는 데이터가 플랫폼의 자산이었지만, Web3에서는 데이터가 사용자 개인의 주권이다.

이 구조가 가능해지는 이유는 바로 토큰이 단순한 '교환 수단'이 아니기 때문이다. 토큰은 경제적 거래의 수단이기 전에 네트워크 참여의 권리를 증명하는 신분증이다. 사용자는 토큰을 단순히 구매하는 것이 아니라 토큰을 통해 네트워크의 일원이 되며, 그 일원으로서 기여할 수 있는 권한을 획득한다. 토큰은 '돈'을 소유하는 행위가 아니라 참여 자격을 갖는 행위에 가깝다. 네트워크를 운영하는 주체가 되기 위한 입장권이며, 데이터 주권을 행사할 수 있는 자격이고, 거버넌스에 참여할 수 있는 발언권이다.

따라서 Web3 경제에서 토큰은 관계를 구성하는 연결 장치이며, 공동체가 형성되는 기반이다. Web3 경제는 결코 기술로 돌아가는 것이 아니다. 참여가 모여 가치를 만들고 그 참여의 집합이 하나의 생태계를 구성한다. 즉 Web3는 집단지성의 경제이며 신뢰와 기여가 축적될수록 생태계는 더 단단해진다. 기술은 이 질서를 구현하는 도구일 뿐, 실제 가치를 만드는 것은 참여하는 사람들이다.

생태계는 알고리즘이 아닌 관계 구조에 의해 움직인다. Web3는 새로운 관계를 설계한 경제 시스템으로, 이곳에서 가치를 소유하는 것은 함께 기여하고 검증한 사람들이다. 따라서 Web3의 경제는 '소비하는 자'가 아니라 가치를 함께 만드는 참여자가 주인이 된다.

지속 가능성은 거버넌스 설계에서 시작

Web3 생태계의 미래는 거버넌스 설계에 달려 있다. 많은 프로젝트가 실패하는 이유는 무엇일까? 바로 경제와 참여 구조를 설계하지 않은 채 토큰 발행만을 서둘렀기 때문이다. 토큰 발행량을 무제한으로 늘리면 생태계는 인플레이션으로 붕괴한다. 참여자는 토큰이 가치 저장 수단이 아니라 단순한 소비성 포인트로 전락할 것이라는 불안을 느끼고 떠난다.

반대로 보상이 과도하면 참여자가 생태계에 머무를 이유가 사라진다. 보상만 얻고 빠져나가는 단기 참여자가 늘어나고 생태계는 기여보다 수익만을 노리는 시장으로 변질된다. 또한 운영이 중앙에 집중되면 사용자는 특정 운영 주체에 의존하게 된다. 결국 Web3의 핵심인 '참여에 따른 소유'가 사라지고, 기존 웹과 다르지 않은 구조로 퇴행한다.

지속 가능한 Web3 경제는 참여자가 머물 이유를 설계하는 데서 출발한다. 바로 기여를 기반으로 생태계를 강화하는 원칙을 만드는 일이다. 이를 위해 필요한 요소는 토큰 유통 제한과 기여 기반 보상이다. 토큰 유통 제한은 단순한 희소성 확보가 아니라 참여권과 책임의 희소성을 설계하며, 기여 기반 보상은 투기가 아닌 노동, 기여, 검증에 따른 분배를 통해 실질적 공헌을 유도한다.

탈중앙 거버넌스는 의사결정 권한을 공유함으로써 수익과 책임의 균형을 맞춘다. 마지막으로, 프로토콜 수익 구조는 토큰 가치가 외부 시장 상황에 흔들리지 않도록 생태계 자체의 지속성을 뒷받침한다. 즉 토큰의 가치는 시장에서 평가되기 전에 경제 구조에서 먼저 설계돼야 한다. Web3 생태계의 미래는 토큰을 비싸게 만드는 데 있지 않고, 참여가 지속될 이유를 얼마나 정교하게 설계하는가에 달려 있다.

각국의 디지털 화폐 정책, 통제와 혁신

Web3 경제에서 가장 중요한 것은 사람들이 머무르고 기여하도록 만드는 보상 메커니즘이다. 단순히 사용자가 존재하는 것만으로는 생태계가 유지되지 않는다. 참여자가 기여하고 책임을 나누도록 유도하는 구조가 마련되었을 때 비로소 경제는 돌아간다. 그 구조를 설계하는 방식이 곧 Web3의 보상 메커니즘이다.

블록체인 네트워크에서 토큰은 그저 거래를 위한 돈이 아니다. 토큰은 참여의 증표이며, 기여의 결과를 측정하는 장치다. 블록을 검증하는 일, 콘텐츠를 생산하는 활동, 데이터를 제공하고 공유하는 행위, 또는 거버넌스에 참여해 의사결정을 내리는 활동까지 사용자의 모든 기여는 경제 활동으로 인정된다. 각자의 활동은 네트워크를 유지하고 확장하는 노동이자 공헌이 된다.

여기서 기여의 크기는 중요하지 않다. 핵심은 얼마나 생태계의 질서를 유지하고 강화했는가이며, 이를 바탕으로 참여자가 보상을 받는다. Web2에서는 사용자가 데이터를 제공해도 아무런 혜택이 없었다. 플랫폼은 데이터를 활용해 광고와 수익을 독점했고, 사용자는 무료 이용의 대가로 자신의 정보와 시간을 넘겨야 했다.

그러나 Web3에서는 활동이 가치 생산으로 취급된다. 참여자는 단순 이용자가 아니라 기여자이며 생태계에서 발생한 수익은 참여자에게도 돌아간다. 이러한 참여 보상 구조가 가장 명확하게 드러나는 사례가 DAO다. DAO는 흔히 기업의 새로운 형태로 오해되지만, DAO는 본질적으로 의사결정 구조가 다르다. 기존 조직에서는 CEO가 결정하고, 임원이 관리하며, 직원이 실행한다. 그러나 DAO에서는 의사결정이 위에서 내려오지 않는다. 의사결정은 참여자들의 투표와 합의로 이루어지고, 합의를 통해 만들어진 규칙이 개인보다 먼저 권한을 가진다. DAO에서 토큰은 소유 지분이 아니다. 토큰은 의사결정에 참여할 수 있는 권리이며 그에 따른 책임의 증거이기도 하다. 토큰을 가진 사람은 단순한 투자자나 사용자가 아니라 생태계 운영에 참여하는 공동 의사 결정자다. 이들은 생태계에 기여하고 책임을 공유함으로써 수익 구조의 일부가 될 수 있다.

DAO는 기업과 시민사회 사이에 위치한 새로운 경제 조직이라 할 수 있다. 기업처럼 수익을 만들면서도, 시민사회처럼 공공성과 개방성을 갖추고, 기술처럼 자동화된 운영 체계를 가진 독특한 구조다. 이 때문에 DAO는 특정 조직 형태라기보다 집단적 책임의 경제 모델에 가깝다.

Web3 시대의 참여자는 단순한 소비자가 아니다. 그는 수익만을 기대하는 투자자가 아니라 신뢰를 함께 만들고 운영하는 사람이다. 참여가 경제를 구성하고, 기여가 수익을 만들며, 책임이 거버넌스를 완성하기 때문이다. Web3 경제의 주인은 값비싼 토큰을 가진 사람이 아니다. 그 생태계에 기여한 만큼 권리를 행사하는 사람이다. 참여가 곧 소유이며, 소유는 곧 책임으로 이어지는 구조, 바로 이것이 Web3 경제의 본질이다.

06

나의 블록체인 로드맵 설계하기

미래를 준비한다는 것은 기술을 배우는 것이 아니라 태도를 선택하는 일이다. 우리는 흔히 미래에 대한 준비를 '지식을 쌓는 과정'이라고 생각한다. 더 많은 용어를 외우고, 더 많은 정보를 알고 빠르게 변화하는 기술의 속도를 따라잡아야 한다고 믿는다. 그러나 역사는 기술을 빠르게 배운 사람보다 기술이 바꾸는 세상을 듣고, 스스로의 태도를 바꾼 사람이 미래를 이끌었다. 기술의 속도는 누구도 따라잡을 수 없지만, 기술 앞에서 어떤 관점으로 선택할지는 개개인의 몫이다. 블록체인의 시대에 필요한 로드맵은 정보나 스펙이 아니라 관계, 참여, 책임의 태도다.

모든 기술의 출발점, 이해하려는 태도

블록체인을 준비하는 첫 단계는 단순하지 않다. 그것은 지갑을 만드는 것도 아니고, 토큰을 사는 것도 아니며 DAO에 참여하거나, 익숙한 서비스에 가입하는 것도 아니다. 가장 중요한 출발점은 기술을 신뢰하지 않는 태도를 갖는 것이다. 기술을 배우는 첫걸음은 칭찬이 아니라 의심에서 시작된다.

이 말은 아이러니하게 들릴 수 있다. 블록체인이 신뢰를 만드는 기술이라고 말하면서 그 기술을 신뢰하지 말라니 모순처럼 느껴질 것이다. 그러나 기술을 무조건 믿는 순간, 우리는 기술이 약속한 세계를 스스로 검증할 능력을 잃는다. 기술은 우리를 돕기 위한 도구일 뿐, 우리가 복종해야 하는 권위가 아니다.

기술을 이해하는 목적은, 그 기술을 사용하기 위해서가 아니라 필요하면 거절하기 위해서다. 기술을 추종하지 말라. 기술을 맹신하지 말아야 한다. 기술이 바꾸고자 하는 관계의 구조와 권한의 이동을 먼저 보아야 한다. 블록체인은 데이터를 저장하는 기술이 아니라 신뢰를 분배하고 권한을 재배치하는 기술이다. 우리가 이해하지 못한 채 참여한다면, 기술이 약속하는 자유는 오히려 또 다른 종속이 될 수 있다.

어떤 기술이 사회를 바꾸는 방식이 불평등을 만들거나 권력을 소수에게 집중시킨다면, 우리는 그것을 사용하지 않을 권리 또한 가져야 한다. 기술을 이해한다는 것은 그 기술이 주는 자유가 무엇인지 판단할 능력을 갖는 것이다. 그 자유가 주권을 확장하는지, 아니면 또 다른 통제를 낳는지를 선택할 수 있는 힘 말이다.

그렇다면 블록체인을 준비하는 출발점은 무엇일까? 그것은 거래도 아니고, 투자도 아니고, 지갑도 아니며, 판단하는 주체로서의 사용자와 기술을 검증하려는 시민적 태도다. 블록체인 시대의 사용자는 단순한 고객이 아니다. 그는 네트워크의 구성원이자, 신뢰의 설계에 참여하는 판단의 주체다. 기술을 사용할 수 있는 능력만으로는 부족하다. 기술을 거부할 수 있는 능력까지 갖출 때, 우리는 비로소 기술의 시대를 맞이할 준비가 된 것이다.

기술을 이해한다는 것은 그것을 사용할 수도, 거부할 수도 있는 능력을 갖는 것이다. 기술에 매달리는 것이 아니라, 필요할 때 손을 놓을 수 있는 용기까지 갖는 사람만이 기술에 종속되지 않으며 기술을 통해 자신의 자유를 확장할 수 있을 것이다.

나의 권한 설계, 신뢰는 주어지지 않는다

블록체인은 권한의 이동을 가능하게 하는 기술이다. 그러나 권한은 기술이 자동으로 나눠주는 선물이 아니다. 기술이 존재한다고 해서 저절로 자유가 생기는 것도 아니고, 기술을 사용한다고 해서 곧바로 권리가 확보되는 것도 아니다. 권한은 기술이 주는 결과가 아니라 스스로 설계하고 선택해야 하는 것이다. 기술이 아무리 분산돼 있어도 사용자가 권한을 행사할 의지와 능력이 없다면, 그 기술은 단지 새로운 형태의 중앙화에 불과하다.

권한을 가지기 위해서는 기술 자체가 아니라 기술이 만들어내는 관계를 질문해야 한다. 내가 사용하는 네트워크가 어떤 구조로 운영되는지, 내가 맡기는 데이터가 누구에게 귀속되는지, 내가 소유한다고 믿는 토큰이 실제로 어떤 권리를 주는지, 그리고 내가 참여하는 조직이 책임을 나누고 있는지 등에 관해 한 번도 묻지 않았다면 그 기술은 나를 돕는 도구가 아니라 오히려 나를 소비하는 플랫폼일 수 있다.

무엇보다 먼저 '내 데이터는 누구의 것인가?'부터 질문해야 한다. 플랫폼이 데이터를 보유하고 수익을 만들어내는지, 아니면 데이터가 나의 자산으로 기록되는지를 먼저 확인해야 한다. 나의 데이터가 서비스의 소유물로 남아 있다면 그 기술은 블록체인이라는 이름을 빌린 새로운 중앙화일 뿐이다.

두 번째 질문은 '내가 참여한 생태계는 누구의 통제 아래 있는가?'다. 탈중앙화를 표방하면서도 실제 운영은 특정 주체의 허가와 승인을 통해 이루어진다면 그것은 중앙화를 감춘 위장일 뿐이다. 블록체인은 언어로 주장되는 것이 아니라 구조로 증명돼야 한다.

세 번째 질문은 '토큰은 투자 대상인가, 참여권인가?'다. 단순히 가격 변동만을 바라보고 토큰을 소유한다면 투기적 소비자에 불과하다. 토큰은 돈의 형식이 아니라 참여의 자격이며, 생태계 운영에 발언권을 갖기 위한 신분증이다. 이 권리의 본질을 이해하지 못한다면 토큰 소유는 속박의 장치가 될 수 있다.

네 번째 질문은 '내가 속한 DAO는 책임을 묻고 있는가?'다. 투표권을 준다고 해서 그것이 곧 거버넌스가 되는 것이 아니다. 의사결정에 참여하되, 그 결과에 대한 책임이 없다면 그것은 진짜 거버넌스가 아니라 장식된 참여에 불과하다. 이 네 가지 질문은 내가 사용하는 기술이 정말 나를 위한 기술인지, 아니면 나를 이용해 수익을 만들어내는 구조인지 판별하는 기준이 된다.

　기술이 아무리 혁신적이어도 사용자에게 권한을 주지 않는다면 그것은 새로운 형태의 통제일 뿐이다. 블록체인 시대의 권한은 기술이 주는 것이 아니며, 내가 어떤 관계를 선택하는가에서 시작된다. 기술은 단지 선택의 가능성을 열어줄 뿐 선택의 주체가 돼야 하는 것은 사용자다. 권한은 사용의 대가가 아니라 참여하고 질문하고 책임지는 과정에서 만들어진다. 결국 블록체인의 미래는 그 기술을 사용하는 우리가 어떤 관계를 설계할 능력을 갖추느냐에 달려 있다.

지식보다 경험, 작은 실험이 미래를 바꾼다

　미래는 거창한 결심에서 시작되지 않는다. 미래는 언제나 작은 실험의 손끝에서 태어난다. 인터넷이 처음 등장했을 때, 누구도 그 기술을 완벽히 이해한 채 사용하지 않았다. 이메일을 보내보고, 홈페이지를 만들어보고, 검색을 해보는 작은 경험들이 인터넷 시대의 시민을 만들어냈고, 기술을 사회의 기반으로 확장시켰다.

　블록체인 역시 마찬가지다. 이 기술을 배우는 데 필요한 것은 완벽한 이해가 아니라 아주 작은 참여의 경험이다. 블록체인은 개념으로만 배웠을 때에는 추상적이지만, 직접 경험하면 그것이 '관계 방식의 변화'임을 체감하게 된다. 그 첫 번째 실험은 지갑을 만드는 일이다. 메타마스크나 카이카스 같은 지갑을 생성하는 순간, 우리는 누군가에게 맡겨두던 자산 관리 권한을 스스로 갖게 된다. 이것은 단순한 앱 설치가 아니라 개인 주권을 회복하는 경험이다.

두 번째 실험은 아주 작은 금액으로 토큰을 교환해보는 일이다. 1,000원 정도의 금액이면 충분하다. 탈중앙 거래의 구조를 몸으로 이해할 수 있을 것이다. 은행, 증권사, 플랫폼의 허가 없이 네트워크 자체가 거래를 검증하고 실행한다는 사실을 경험하게 된다. 그 작은 교환으로 중개자 없는 신뢰를 체험할 수 있다.

세 번째 실험은 DAO의 투표에 참여해보는 것이다. 공공 프로젝트를 운영하는 DAO, 서비스 운영 방향을 논의하는 DAO, 개념을 실험하는 작은 DAO들이 이미 존재한다. 단 한 표를 행사하는 것만으로도 우리는 소비자가 아니라 의사결정의 참여자가 된다. 민주주의가 투표로 작동하듯 Web3는 참여로 운영된다.

네 번째 실험은 소액으로 NFT를 발행하거나 구매하는 것인데, 디지털 권리가 어떻게 작동하는지를 이해하기 위해서다. 예술 작품이든, 티켓이든, 문서든 NFT는 디지털 파일에 소유권을 연결하는 방식을 보여준다. 이 경험을 통해 우리는 복제가 무한한 디지털 세계에서도 권리와 소유가 새롭게 설계될 수 있음을 알게 된다.

다섯 번째 실험은 거버넌스 제안을 읽어보는 일이다. 그 제안을 통과시키려는 이유, 그 결정이 생태계에 미칠 영향, 그리고 그 안에 담긴 책임을 살펴보라. 이해하지 못하더라도 괜찮다. 중요한 것은 사용자의 권한이 단순한 혜택이 아니라 책임을 동반한 참여임을 배우는 것이다.

이런 작은 경험들은 지식보다 오래 남는다. 이론은 기억에서 사라지지만 경험은 삶의 기준이 돼 남기 때문이다. 기술의 원리를 모두 이해하지 못해도 그 기술이 만들어내는 관계를 직접 체험할 수 있다면, 우리는 그 기술을 추종하는 사람이 아니라 선택할 수 있는 사용자가 된다. 배움은 이해에서 완성되지 않는다. 배움은 작은 실천에서 살아 움직인다. 미래는 이와 같은 작은 참여의 용기에서 시작된다.

균형의 태도, 자유와 책임을 함께 선택하라

블록체인 기술은 자유를 약속한다. 그러나 그 자유는 아무 대가 없이 주어지지 않는다. 블록체인을 사용할 때 우리는 자산을 스스로 관리해야 하고, 키를 스스로 보호해야 하며, 기록을 스스로 지켜야 한다. 이 기술은 편리함을 제공하기보다는 자유를 얻기 위한 책임을 전제로 한다. 지갑을 잃어버리면 되찾아줄 관리자도 없다. 거래를 잘못 보내면 돌려줄 회사도 없고 실수로 업로드된 기록은 수정할 수 없다.

누구도 대신 책임지지 않기 때문에 우리는 더 이상 '책임 없는 사용자'로 머물 수 없다. 이는 불편함이 아니라 변화를 요구하는 도전이며 책임을 선택한 사람만이 비로소 자유를 가진다. 기술이 우리를 보호하는 것이 아니다. 우리가 기술을 이해하고 선택하며, 그 선택에 책임질 때 자유는 비로소 완성된다.

따라서 블록체인의 핵심은 기술을 배우는 것이 아니라 책임 있는 사용자가 될 수 있는 태도를 갖추는 일이다. 이는 기존 인터넷에서는 요구되지 않았던 새로운 자세다. 기존 인터넷은 우리를 '사용자 User'로 만들었다. 우리는 서비스를 이용하고 비용을 지불하며, 플랫폼이 설계한 규칙을 따랐다.

하지만 Web3 시대가 요구하는 인간형은 다르다. 그것은 단순한 소비자나 고객이 아니라 '생태계에 참여하고 책임을 나누는 참여자Participant'다. 사용자는 비용을 지불하며 서비스를 소비하지만, 참여자는 비용을 지불하는 동시에 책임을 나눈다. 사용자는 서비스의 규칙을 따르지만 참여자는 규칙에 합의하고 그것을 바꾸기 위해 의견을 낼 수 있다. 사용자는 플랫폼이 부여한 권한을 이용하는 데 그치지만, 참여자는 의사결정의 권한을 가진다. 사용자는 플랫폼에 종속되지만, 참여자는 스스로 프로토콜을 선택하고 떠날 수 있다.

따라서 블록체인 시대 로드맵의 출발점은 어떠한 태도를 선택하는가이지 기술을 배우는 것이 아니다.

'나는 어떤 지갑을 써야 할까?', '어떤 토큰을 사야 할까?'라는 질문보다 앞서야 할 질문은 이것이다.

'나는 어떤 생태계의 구성원이 될 것인가?'

이 질문을 던지는 순간, 우리는 단순한 사용자가 아니라 스스로 선택하고 책임지는 참여자가 된다. 블록체인의 시대는 한마디로 새로운 자유를 감당할 준비를 묻는 시대다. 그 준비는 지식이 아니라 태도이며, 기술 이전에 스스로 선택하는 방식에서 시작된다.

책을 덮으며, 참여의 시대 속 주인공은 누구인가?

다음 시대를 준비한다는 것은 단순히 새로운 기술을 따라가는 일이 아니다. 그것은 다가오는 시대가 만들어낼 관계의 방식을 선택하는 일이다. 기술은 계속 진화하고 새로운 패러다임은 끊임없이 등장한다. 이 모든 변화 속에서 가장 중요한 질문은 '어떤 기술을 사용할 것인가?'가 아니라 '우리는 어떤 방식으로 연결되고 살아갈 것인가?'다. 블록체인은 신뢰를 재설계하는 기술이다. 그것은 금융, 산업, 데이터를 바꾸는 기술이라기보다 신뢰의 구조를 바꾸어 인간관계를 다시 세우는 기술이다. 그 안에서 우리는 더 이상 단순한 사용자도 아니고 서비스를 소비하는 손님이 아닌, 기술과 신뢰 구조에 직접 참여하는 주권자가 될 수 있다.

주권은 화려한 지식이 아닌 작은 태도에서 탄생한다. 지갑을 만들고, 소액을 교환하고, 한 표를 행사해보고 디지털 권리의 무게를 직접 경험하는 순간, 우리는 우리 삶의 권한을 되찾는 과정을 시작하게 된다. 이 길은 거창하지 않으며, 작은 선택과 작은 실천이 그 출발점이 될 수 있다. 기술을 맹신하지 않고 이해하려는 마음, 권한을 요구하기보다 스스로 설계해보려는 태도, 지식을 쌓는 데서 멈추지 않고 작은 실험으로 확인하려는 용기, 자유를 주장하는 데서 멈추지 않고 그 자유에 따르는 책임을 선택하려는 결단이 그것이다.

미래의 주인은 가장 많이 아는 사람이 아니다. 가장 깊게 참여하는 사람이다. 참여란 기술을 선택하고, 의사결정에 기여하고, 책임을 함께 나누는 자세에서 시작된다. 우리는 기술의 시대를 지나 이제 참여의 시대에 들어서고 있다. 지식만이 권력이 되는 시대는 지났다. 스스로 시험하고, 스스로 결정하고, 스스로 책임질 수 있는 사람이 미래를 이끌 것이다.

그러므로 블록체인은 새로운 도구가 아니라 새로운 인간을 요구하는 기술이다. 변화하는 것은 그 기술을 통해 살아가는 우리의 태도다. 미래의 문은 기술의 진보가 아닌 참여하는 사람이 등장할 때 열릴 것이다. 이 책을 덮는 지금, 우리는 지식을 얻은 독자가 아니라 작은 실천을 시작할 수 있는 참여자가 돼야 한다. 블록체인을 완벽히 이해할 필요도, 모든 원리를 외울 필요도 없다.

단 하나의 질문만 기억하면 된다.

'나는 어떤 생태계의 구성원이 될 것인가?'

이 질문에 답하려는 당신의 선택, 그 작은 참여가 곧 미래를 만드는 첫걸음이다.

[부록]
책에 없지만 꼭 알아야 할 핵심 용어

《디지털 미래 혁명, 블록체인》에서 미처 자세히 다루지 못한 부분을 부록에 담았다. 그것들은 본문과는 별도로 블록체인을 이해하는 데 반드시 필요한 언어들이다. 기술은 빠르게 바뀌지만 개념은 태도로 남는다. 용어를 안다는 것은 단순히 지식을 얻는 것이 아니라 어떤 선택을 할 준비가 됐다는 뜻이다.

핵심 용어들은 모든 것을 설명하지는 않는다. 단 이 책을 읽은 독자들이 무엇을 조심해야 하고 무엇을 책임져야 하는지를 분명히 하기 위해 필요한 부분이다. 블록체인은 편리함을 약속하는 기술이 아니라 스스로 판단할 자유를 요구하는 구조다. 따라서 이 용어들은 '외워야 할 말'이 아니라 '곱씹어야 할 기준'이다. 이 책을 덮은 뒤에도 남아 있기를 바라는 것은 정보가 아니라 관점이다. 이 부록이 당신의 다음 선택 앞에서 조용한 기준점이 되기를 바란다.

가스/가스비(Gas/Gas Fee)

스마트 컨트랙트를 실행하기 위해 지불하는 연산 비용으로 네트워크 혼잡도에 따라 변한다. 가스비는 '비싼 기술'의 문제가 아니라 혼잡한 네트워크의 가격 신호다.

개인키(Private Key) ★

자산의 소유와 이동을 증명하는 비밀 키로, 유출되면 되돌릴 방법이 없다. 블록체인에서 자유는 복구가 아니라 보관의 책임에서 시작된다.

거버넌스 토큰 ★

프로토콜의 정책 변경과 업그레이드에 대한 투표 권한을 부여하는 토큰. 토큰의 보유는 권리이자 참여에 대한 책임이다.

검증 가능 증명서(Verifiable Credential, VC)

발급자의 서명과 검증 가능한 형식을 갖춘 디지털 증명서로, 필요한 정보만 선택적으로 공개할 수 있다.

게이지(Gauge)

유동성 풀 등에 배분되는 보상 비중을 투표로 조정하는 메커니즘.

계정 모델(Account Model)

계정별 잔액을 상태로 저장·갱신하는 구조로, 이더리움이 채택한 모델이다.

계정 추상화(Account Abstraction) ★

지갑이 스마트 계정처럼 동작해 서명 규칙과 수수료 지불 주체를 유연하게 설정하는 기능으로, 지갑은 더 이상 도구가 아니라 설계 가능한 계정이 된다.

공개키/주소

개인키에서 파생된 공개 식별자로, 송금 및 수신에 사용된다.

기본 수수료·우선 수수료

기본 수수료는 네트워크 혼잡에 따라 자동 조절되고 우선 수수료는 거래 포함을 유도하기 위해 검증자에게 지급되는 팁이다.

긴급 정지/가디언 ★

문제 발생 시 계약 기능을 일시 중단할 수 있는 보호 장치 또는 그 권한을 뜻한다. 탈중앙화에도 멈출 수 있는 안전장치는 필요하다.

나카모토 합의

작업증명(PoW) 기반에서 누적 난이도가 가장 큰 체인을 정본으로 채택하는 합의 방식.

넌스(Nonce)

계정의 거래 순서를 나타내는 카운터로, 중복 전송과 재사용 공격을 막는다.

네이티브 토큰(Native Token)

특정 체인에서 가스 지불과 네트워크 보안에 직접 사용되는 기본 토큰.

노드(Node)

네트워크에 참여해 블록을 저장·전파·검증하는 컴퓨터.

논커스터디얼 지갑(Non-custodial Wallet) ★

사용자가 개인키를 직접 보관·통제하는 지갑으로, 제3자 수탁을 거치지 않는다. 이는 편의성보다 자산 주권을 우선하는 선택이다.

더스팅 공격(Dusting)

소액 토큰을 다수 지갑에 전송해 주소 간 연관성을 분석하고 활동을 추적하려는 공격 기법.

더치 옥션

높은 시작가에서 가격을 점차 낮추며, 참가자가 원하는 시점에 매수하는 경매 방식.

데이터 가용성(Data Availability, DA) ★

거래 데이터를 누구나 확인하고 검증할 수 있는 능력. 확장성보다 먼저 확보돼야 할 것은 검증 가능성이다.

디앱(DApp)

블록체인 위에서 스마트 컨트랙트로 구동되는 분산 애플리케이션.

라이트 클라이언트(Light Client)

전체 데이터를 내려받지 않고 블록 헤더와 증명만으로 거래 유효성을 검증하는 클라이언트.

래핑된 토큰(Wrapped Token)

다른 체인의 자산을 담보로 발행된 파생 토큰으로, 발행·상환 구조와 신뢰 가정이 중요하다.

러그 풀(Rug Pull) ★

개발자가 유동성을 회수하거나 권한을 남용해 투자금을 편취한 뒤 프로젝트를 중단하는 사기 행위를 가리킨다. 코드로 제한되지 않은 권한은 언제든 남용될 수 있다. 프로젝트의 안전장치가 시스템이 아니라 사람의 선의에만 기대고 있을 때 투자자는 가장 취약한 위치에 놓이게 된다.

레이어1(L1)

비트코인이나 이더리움처럼 합의와 보안을 직접 담당하는 기본 블록체인 네트워크.

레이어2(L2)

레이어1 위에서 거래 처리량을 늘리고 비용을 낮추기 위해 설계된 확장 네트워크.

롤업(Rollup) ★

다수의 거래를 모아 처리한 뒤 요약된 증명만을 레이어1에 기록하는 레이어2 방식. 확장은 신뢰를 버리는 일이 아니라 신뢰를 유지하는 설계에서 시작된다.

리스테이킹(Restaking) ★

이미 스테이킹된 자산을 재활용해 외부 네트워크나 서비스의 보안에 기여하고 추가 보상을 받는 메커니즘. 보안은 한번 맡기면 끝나는 것이 아니라 계속 배치되는 자원이다.

리엔트런시 취약점 ★

외부 호출 중 계약 상태가 완전히 갱신되기 전에 재진입이 발생해 자산이 탈취될 수 있는 보안 결함을 가리킨다. 대부분의 사고는 복잡함이 아니라 순서 관리 실패에서 발생한다.

머클 에어드롭(Merkle Airdrop)

머클트리를 이용해 수령 자격을 간단히 증명하고 토큰을 배포하는 에어드롭 방식.

머클트리(Merkle Tree)

다수의 트랜잭션을 해시로 요약해 데이터의 무결성을 빠르고 효율적으로 증명하는 데이터 구조.

멀티시그(Multisig) ★
여러 개의 서명이 충족돼야 자금 이동이 가능한 공동 통제 방식. 개인의 실수를 구조로 보완하는 가장 기본적인 안전장치다.

메타트랜잭션(Meta-Transaction) ★
제3자가 가스비를 대신 지불하고 사용자의 서명을 중계해 트랜잭션을 제출하는 방식. 사용성을 높이되 책임의 주체는 흐려지지 않아야 한다.

믹서(Mixer) ★
자금 흐름을 섞어 송금자와 수신자를 추적하기 어렵게 만드는 프라이버시 도구. 익명성은 보호가 될 수도, 규제의 대상이 될 수도 있다.

멤풀(Mempool)
아직 블록에 포함되지 않은 거래들이 대기하는 공간.

백런/프런트런 ★
특정 거래의 앞이나 뒤에 거래를 끼워 넣어 실행 순서를 이용해 이익을 추구하는 전략. 순서가 가치가 되는 순간에 공정성은 시험대에 오른다.

번들러(Bundler)
계정 추상화 환경에서 사용자 트랜잭션을 모아 네트워크에 제출하는 역할을 하는 노드.

본딩 커브 ★
수요 변화에 따라 토큰의 발행 및 매수가가 자동으로 조정되도록 설계된 수학적 가격 곡선. 본딩 커브에서는 가격 결정 권한이 사람에게 있지 않다. 수요 변화는 곧바로 수학적 공식에 반영되고, 그 결과가 즉시 가격으로 나타난다. 따라서 가격은 시장의 합의가 아니라 설계의 산물이다.

분산원장(DLT)
중앙 서버 없이 여러 노드가 동일한 장부를 공유하고 검증하는 데이터 구조.

브라이브(Bribe)
특정 방향의 게이지 투표를 유도하기 위해 제공되는 인센티브.

브리지(Bridge) ★
자산이나 메시지를 서로 다른 블록체인 간에 이동·연동시키는 인프라. 편리함이 커질수록 신뢰 가정은 더 복잡해진다.

블록 탐색기(Block Explorer)
온체인 트랜잭션, 블록, 주소 정보를 조회할 수 있는 공개 웹 도구.

블록(Block)
여러 트랜잭션을 묶어 해시로 연결한 데이터 묶음.

블록체인 ★
거래 기록을 블록에 담아 시간순으로 연결한 분산원장 기술. 신뢰를 사람 대신 구조에 맡기려는 시도에서 출발했다.

사기증명(Fraud Proof) ★
옵티미스틱 롤업에서 부정 거래를 찾아내고 이의를 제기해 검증하는 방식. 신뢰는 가정하되 검증은 포기하지 않는다.

사이드체인(Sidechain)
별도의 합의 구조를 가진 독립 체인이 메인체인과 자산을 연동하는 확장 방식.

사회적 복구(Social Recovery) ★
신뢰인이나 보조 기기를 통해 지갑 접근 권한을 되살리는 복구 방식. 기술적 자립 위에 관계의 신뢰를 덧댄 설계다.

상태 채널(State Channel)
오프체인에서 다수의 거래를 교환하고 최종 결과만 온체인에 기록하는 확장 기법.

샌드위치 공격 ★
사용자의 거래 앞뒤에 주문을 끼워 넣어 가격 변화를 이용하는 MEV 전술. 실행 순서가 이익이 되는 순간에 사용자는 가장 취약해진다.

샤딩(Sharding)
상태와 처리를 여러 조각으로 나누어 네트워크 확장성을 높이는 기법.

세션 키(Session Key) ★
제한된 권한과 기간으로만 유효한 임시 서명 키. 자동화의 편의성과 보안을 동시에 고려한 선택이다.

셀피시 마이닝
채굴자가 블록을 공개하지 않고 은닉해 체인 우위를 노리는 편취적 채굴 전략.

소각(Burn)

수수료나 토큰 일부를 영구적으로 제거해 유통 공급을 줄이는 메커니즘.

스냅샷 투표 ★

가스비 없이 오프체인에서 토큰 보유량을 기준으로 진행되는 의사결정 방식. 참여는 쉬워지지만, 집행은 별도의 구조를 필요로 한다.

스마트 컨트랙트 ★

조건이 충족되면 자동으로 실행되는 온체인 프로그램. 코드는 중립적이지만 결과에 대한 책임은 사용자에게 남는다.

스테이블스왑 곡선

가격이 유사한 자산 간 교환에서 슬리피지를 최소화하도록 설계된 AMM 수식.

스테이블코인 ★

달러 등 특정 가치에 연동되도록 설계된 토큰으로서 결제와 담보에서 기축 역할을 하는 자산. 안정성은 약속이 아니라 유지되는 구조에서 나온다.

스테이킹(Staking)

토큰을 예치해 네트워크 보안에 기여하고 그 대가로 보상을 받는 행위.

스텔스 주소(Stealth Address) ★

수취 전용 임시 주소를 생성해 수신자의 실제 지갑 주소 노출을 막는 프라이버시 기법. 공개 원장 위에서 사적 영역을 확보하기 위해 이 기법을 시도한다.

슬래싱(Slashing) ★

검증자가 규칙을 위반할 경우 예치 자산을 삭감하는 벌칙 메커니즘. 보상만큼이나 책임이 명확해야 보안은 유지된다.

슬리피지(Slippage)

예상한 거래 가격과 실제 체결 가격 사이에 발생하는 차이를 말한다.

승인/얼라우언스(Approval/Allowance) ★

토큰 사용 한도를 다른 주소나 계약에 부여하는 권한 체계를 말한다. 한 번의 승인보다 더 위험한 것은 지속되는 권한이다.

시가총액/FDV ★

현재 유통 물량 기준의 시가총액과 모든 토큰이 풀렸을 때의 완전 희석 가치(FDV)를 비교하는 지표. 숫자보다 중요한 것은 앞으로 풀릴 시간과 구조다.

시드 문구(Seed Phrase) ★

개인키의 최종 백업 수단으로, 지갑을 복구하기 위한 단어 묶음을 가리킨다. 온라인 보안보다 중요한 것은 오프라인 보관 습관이다.

시빌 공격(Sybil Attack) ★

다수의 가짜 신원을 만들어 거버넌스나 보상 분배를 왜곡하는 공격 방식. 참여를 넓히는 설계는 악용 가능성도 함께 고려해야 한다.

시퀀서(Sequencer) ★

롤업에서 거래의 순서를 정하고 묶어 레이어1에 제출하는 운영 주체. 확장의 병목은 종종 중앙화된 순서 결정에서 나타난다.

아비트라지(Arbitrage)

서로 다른 시장이나 거래소 간 가격 차이를 이용해 차익을 얻는 거래 전략.

아토믹 스왑(Atomic Swap) ★

중개자나 신뢰 가정 없이 서로 다른 체인의 자산을 동시에 교환하는 기술. 교환에서 가장 중요한 것은 상대가 아니라 조건의 완결성이다.

언락(베스팅/Unlock) ★

팀이나 투자자에게 배정된 토큰이 일정에 따라 시장에 풀리는 과정. 일정은 가격보다 심리에 먼저 작용한다.

얼라우리스트(Allowlist)

특정 지갑 주소만 사전 참여나 민팅을 허용하는 명단.

업그레이더블 프록시 ★

주소는 유지한 채 구현 계약만 교체해 기능을 업데이트하는 배포 패턴. 편리함은 곧 권한 관리의 복잡성을 의미한다.

에어드롭

특정 조건을 충족한 사용자에게 토큰을 무상 배포해 참여를 유도하는 방식.

영지식증명(zk-SNARK/zk-STARK) ★

비밀 정보를 공개하지 않고도 어떤 사실이 참임을 증명하는 암호 기술. 신뢰를 노출이 아니라 증명으로 대체하려는 시도다.

오라클 조작 ★

외부 가격 피드를 왜곡해 담보 청산이나 거래 이득을 노리는 공격 방식. 온체인의 취약점은 종종 오프체인에서 시작된다.

오라클(Oracle) ★

가격, 날씨 등 현실 세계의 데이터를 온체인으로 전달하는 중계 장치. 블록체인의 한계는 언제나 현실과의 접점에서 드러난다.

옵티미스틱 롤업 ★

거래가 올바르다고 가정하고 처리한 뒤에 사후 이의 제기를 통해 부정을 검증하는 롤업 구조를 뜻한다. 신뢰는 가정하되 검증은 남겨둔다.

위임(Delegation)

자신의 투표 권한을 신뢰하는 대표자에게 맡겨 거버넌스에 참여하는 방식.

유동성 풀(LP Pool) ★

자산을 예치해 스왑 수수료와 보상을 공유하는 금고 구조. 수익은 예치에서 나오지만 위험도 함께 묶인다.

유통량/유통률

시장에 풀린 토큰 물량과 전체 공급 대비 비율을 나타내는 지표.

유효성 증명(Validity Proof) ★

ZK 롤업에서 트랜잭션의 정당성을 수학적으로 증명해 즉시 검증하는 방식으로, 속도와 신뢰를 동시에 확보하려는 설계다.

의결 정족수(Quorum)

제안이 유효해지기 위해 필요한 최소 참여자 수 또는 찬성 비율 기준.

인텐트(Intent) 기반 거래 ★

사용자가 목표와 제약 조건만 제시하면 에이전트가 최적의 경로와 체결을 찾아 실행하는 거래 패러다임으로, 사용성은 높아지지만, 결정의 주체는 더욱 중요해진다.

임퍼머넌트 로스(Impermanent Loss, IL) ★

유동성 풀에 예치한 두 자산의 가격이 서로 벌어질 때 자동 재조정으로 인해 단순 보유 대비 손실이 발생하는 현상. 수익은 구조에서 나오고 손실도 구조에서 발생한다.

작업증명(Proof of Work, PoW)

연산 경쟁을 통해 블록을 제안하고 네트워크 보안을 확보하는 합의 방식.

재조직(Reorg) ★

이미 채택된 블록이 더 긴 체인에 밀려 교체되는 체인 재정렬 현상으로, 최종성에 도달하기 전까지의 시간은 확정이 아닌 과정이다.

제로지식 롤업(ZK-Rollup) ★

암호학적 증명을 통해 트랜잭션의 정당성을 즉시 검증하는 롤업 구조로, 신뢰를 기다리지 않고 증명으로 확보한다.

주소 포이즈닝(Address Poisoning) ★

주소록이나 거래 메모를 교란해 사용자의 오송금을 유도하는 피싱 기법. 가장 위험한 공격은 익숙함을 노린다.

준비금 증명(Proof of Reserves, PoR) ★

거래소나 수탁 기관이 보관 중인 자산이 충분함을 감사 또는 암호학적 증명으로 입증하는 절차를 뜻하며, 신뢰는 선언이 아니라 검증으로 유지된다.

중앙화 거래소(CEX)

회사가 자산을 수탁하고 주문서를 통해 거래를 매칭하는 플랫폼.

지갑(Wallet) ★

개인키를 보관하고 트랜잭션에 전자 서명하는 소프트웨어 또는 하드웨어. 자산은 체인에 있지만 통제권은 지갑에 있다.

지분증명(Proof of Stake, PoS)

토큰 예치 지분에 비례해 블록 제안과 검증 권한을 부여하는 합의 방식.

집중 유동성(Concentrated Liquidity) ★

지정한 가격 구간에만 자본을 배치해 수수료 효율을 높이는 유동성 설계로, 효율은 높아지지만 관리의 책임도 함께 커진다.

청산(Liquidation) ★

담보 가치 하락 등 조건 미달 시 대출을 강제 상환하거나 담보를 매각해 부채를 정리하는 절차로, 레버리지는 수익을 키우지만 청산은 규칙대로 온다.

체인 ID(Chain ID)

서로 다른 네트워크를 구분해 재생 공격을 방지하는 식별자.

최종성(Finality) ★

블록이 사실상 되돌릴 수 없게 굳어지는 성질. 신뢰는 즉시가 아니라 확정의 순간에 완성된다.

캐노니컬 브리지(Canonical Bridge) ★

체인 공식이 운영하거나 표준으로 채택된 기본 브리지로서 자산 상환 경로의 기준이 된다. 기준이 되는 브리지는 신뢰 가정의 기준이기도 하다.

커스터디(Custody) ★

제3자가 자산을 보관·관리하는 서비스로서 보관 규제와 책임 범위가 핵심이다. 편의성의 대가는 통제권의 이전이다.

컴포저빌리티(조합성) ★

프로토콜을 레고처럼 결합해 새로운 서비스를 만드는 설계로, 혁신은 연결에서 나오지만, 위험도 함께 전파된다.

콘스턴트 프로덕트(x*y=k)

두 자산의 곱이 일정하도록 가격을 정하는 자동화 마켓메이커(AMM) 모델.

콜드월렛 ★

인터넷에 연결하지 않고 자산을 보관하는 지갑으로, 원격 해킹 위험을 낮추는 수단이다. 보안의 기본은 연결을 끊는 선택이다.

타임락(Timelock) ★

특정 시점 이후에만 거래나 함수가 실행되도록 제한하는 기능으로, 권한에는 기다림이라는 안전장치가 필요하다.

탈중앙화(Decentralization) ★

통제와 신뢰를 특정 주체가 아닌 다수 참여자에게 분산하는 설계 원칙으로, 탈중앙화는 효율이 아니라 권력 배치의 문제다.

텐더민트(Tendermint)

비잔틴 내결함성(BFT) 합의와 네트워킹을 제공하는 엔진으로서 Cosmos 생태계에서 사용된다.

토크노믹스(Tokenomics) ★

토큰의 발행, 분배, 보상 구조를 포함한 경제 설계 전반을 뜻한다. 가격보다 오래 남는 것은 설계의 방향이다.

토큰 배분(Allocation) ★

토큰 배분은 회사의 주식을 나누는 것과 비슷하다. 누가 몇 주를 갖느냐에 따라 회의에서 누가 더 크게 말할 수 있는지가 달라진다. 그래서 배분은 숫자가 아니라 권력의 지도다.

토큰(Token)
기존 블록체인 위에서 발행된 디지털 자산의 기본 단위.

트랜잭션(Transaction, Tx)
주소 간 가치나 데이터를 이동시키는 개별 기록.

틱(Tick)
집중 유동성 AMM에서 가격 구간을 세분화하는 최소 단위.

패러체인(Parachain)
릴레이체인에 연결돼 보안을 공유하며 병렬로 실행되는 독립 체인.

페그/디페깅 ★
특정 가치(예: 1달러)에 연동된 상태를 페그라 하고 그 연동이 깨지는 현상을 디페깅이라 한다. 신뢰는 유지될 때는 보이지 않고 깨질 때 드러난다.

페어 런치 ★
팀이나 투자자에게 특혜를 주지 않고 커뮤니티에 동등한 참여 기회를 제공하는 배포 방식. 공정함은 선언이 아니라 조건 설계에서 결정된다.

페이마스터(Paymaster) ★
계정 추상화 환경에서 가스비를 대신 지불하거나 정책적으로 처리하는 주체를 가리키는데, 비용을 대신 내는 순간에 결정 구조도 함께 설계해야 한다.

포크(Fork, 하드/소프트) ★
프로토콜 규칙 변경으로 체인이 분기되거나 업데이트되는 현상을 뜻하며, 규칙의 변화는 언제나 합의의 범위를 시험한다.

플라즈마(Plasma)
자식 체인에서 거래를 처리하고 분쟁 발생 시 증명을 통해 레이어1에 정산하는 확장 구조.

플래시 론(Flash Loan) ★
담보 없이 같은 트랜잭션 안에서 빌리고 갚는 초단기 대출 방식. 속도와 자동화가 결합될수록 설계의 빈틈은 즉시 노출된다.

합의 알고리즘 ★

네트워크 참여자들이 '정답 블록'에 도달하기 위해 따르는 규칙 체계로, 블록체인의 성격은 합의 방식에서 결정된다.

핫월렛 ★

인터넷에 상시 연결된 지갑으로, 사용이 편리하지만 보안 노출 위험이 상대적으로 높다. 편의성은 항상 위험과 맞바꾼 선택이다.

해시(Hash)

데이터를 고정 길이의 값으로 변환하는 함수의 출력값.

헬스 팩터(Health Factor) ★

담보와 부채 상태의 건전성을 수치로 표현한 지표로서, 1 이하가 되면 청산 위험이 커진다. 수치는 경고를 하지만, 결정은 사람이 한다.

51% 공격 ★

해시 파워나 지분의 과반을 장악해 이중지불 등 네트워크 조작을 시도하는 공격. 보안은 기술보다 분산의 정도에 달려 있다.

AMM(Automated Market Maker)

수학적 공식에 따라 자동으로 가격을 산출하는 탈중앙화 거래 모델.

AVS(Actively Validated Service) ★

리스테이킹된 보안을 활용해 별도의 검증이 필요한 작업을 수행하는 외부 서비스. 보안은 더 이상 체인 하나에만 머무르지 않는다.

BFT(비잔틴 내결함성)

일부 노드가 악의적으로 동작하더라도 시스템 전체의 합의를 유지할 수 있는 특성.

DEX ★

중개자 없이 스마트 컨트랙트로 토큰을 교환하는 탈중앙화 거래소. 편의보다 자율과 책임을 전제로 한다.

DID(분산 신원 식별자) ★

중앙 기관 없이 생성 및 검증이 가능한 자기주권형 신원 식별자로, 신원 역시 소유의 대상이 되기 시작했다.

EIP-1559 ★
기본 수수료를 소각하고 우선 수수료를 분리해 지불하도록 설계한 이더리움 수수료 개편 제안. 수수료는 비용이자 정책 도구다.

EIP-2612 퍼밋(Permit)
서명만으로 토큰 승인 변경을 처리해서 별도의 온체인 트랜잭션을 필요로 하지 않게 하는 표준이다.

ERC-1155
대체 가능 토큰과 대체 불가능 토큰을 함께 지원하는 다중 자산 표준.

ERC-20
동등 단위로 교환 가능한 토큰을 정의한 표준 인터페이스.

ERC-721
대체 불가능 토큰(NFT)을 정의한 표준 인터페이스.

EVM(Ethereum Virtual Machine)
이더리움 네트워크에서 스마트 컨트랙트를 실행하는 표준 가상머신 환경.

HTLC(Hash Time-Locked Contract) ★
해시 조건과 시간 제한을 결합해 조건부 지급을 구현하는 계약 구조. 신뢰는 약속이 아니라 조건의 완결성에서 나온다.

IBC(Inter-Blockchain Communication) ★
서로 다른 체인 간에 상태를 증명하고 메시지를 전달하는 표준 프로토콜로, 연결은 편의가 아니라 검증 가능한 신뢰에서 시작된다.

JIT 유동성 ★
거래 직전에 일시적으로 유동성을 공급해 수수료 수취 효율을 극대화하는 방식. 효율이 높아질수록 타이밍의 중요성도 커진다.

LBP(유동성 부트스트랩 풀)
초기 판매 단계에서 가격을 점진적으로 낮추며 유동성을 형성하도록 설계된 풀 구조.

LRT(리퀴드 리스테이킹 토큰) ★
리스테이킹 포지션을 대표해 추가 활용을 가능하게 하는 유동화 토큰. 보안 자산은 이제 다층적으로 활용된다.

LST(리퀴드 스테이킹 토큰) ★

스테이킹된 자산을 대표해 예치 중에도 유동성을 유지하도록 설계된 토큰. 잠금과 유동성의 경계가 흐려지고 있다.

LTV ★

담보 대비 대출 비율을 나타내는 지표로, 수치가 높을수록 청산 위험이 커진다. 숫자는 한계선을 알려줄 뿐, 판단을 대신해주지는 않는다.

LVR(Loss Versus Rebalancing)

유동성 제공자가 단순 보유 대비 자동 재조정으로 겪는 수익 손실의 차이를 의미한다.

MEV ★

블록 생산자나 거래 순서를 통제하는 참여자가 거래의 포함, 순서, 재배치를 통해 추가 이익을 얻을 수 있는 구조다. 시장은 공정하지만, 순서는 중립적이지 않다.

MEV-Boost ★

PBS 구조를 지원해 제안자가 여러 빌더의 블록을 경매 방식으로 선택하도록 하는 미들웨어. 경쟁은 은폐가 아니라 공개된 구조에서 관리된다.

MPC 지갑(Multi-Party Computation) ★

개인키를 분산해 여러 주체가 공동 계산으로 서명하는 지갑 방식. 하나의 키를 없애는 대신 책임을 나눈다.

PBS(Proposer-Builder Separation) ★

블록 제안자와 빌더의 역할을 분리해 MEV 경쟁을 공개 시장으로 이동시키는 설계. 문제를 숨기기보다 구조로 드러내는 선택이다.

RWA(Real-World Assets, 실물자산 토큰화) ★

국채, 채권, 금 등 오프체인 자산의 소유권이나 현금 흐름을 온체인 토큰으로 표현하는 개념. 블록체인은 가상을 넘어 현실의 질서를 재배치한다.

SPV 검증(Simple Payment Verification)

머클 증명과 블록 헤더만으로 거래 포함 여부를 확인하는 단순 결제 검증 방식.

TGE(Token Generation Event) ★

토큰이 공식 발행돼 유통을 시작하는 시점을 가리킨다. 시작일은 이벤트가 아니라 경제가 작동하기 시작한 순간이다.

TVL(Total Value Locked)

특정 프로토콜에 예치된 자산의 총액으로, 활동성과 신뢰 수준을 가늠하는 참고 지표가 된다.

TWAP(Time-Weighted Average Price)

일정 기간의 가격을 평균해 단기 변동성의 영향을 줄이는 기준 가격.

UTXO 모델 ★

미사용 트랜잭션 출력 단위로 잔액을 관리하는 구조로서 비트코인이 채택한 모델. 잔액이 아니라 흐름의 기록에 가깝다.

ve토크노믹스(veTokenomics) ★

토큰을 잠근 기간에 비례해 투표권과 보상을 부여하는 경제 설계. 시간은 투기의 반대편에 있는 가장 강한 인센티브다.

zkEVM ★

이더리움과 호환되는 실행 환경을 영지식증명으로 검증하는 가상머신. 확장은 호환성을 포기하지 않아야 한다.

zkVM ★

임의의 프로그램 실행을 영지식증명으로 검증 가능하게 만드는 가상머신으로, 계산마저 증명의 대상이 되는 단계다.

지은이 이재성

서울대 물리학과 졸업
어울림병원 이사장
블록체인 DAS ACADEMY 부원장
혁신금융서비스협회 부회장
현) 일류코리아(토큰증권 플랫폼전문회사) 대표이사
현) O~ASSET (오 에셋.DeFi) 대표이사
현) 뉴럴 트러스트(Neural Trust Foundation) Founder
출간 도서로는 《미래 투자전략의 핵심축 토큰 증권(STO)》이 있다.
출간 예정 도서: 《미래를 설계하는 투자 인사이트 DEFAI와 블록체인》

디지털 미래 혁명
블록체인
초보자를 위한 실전 입문서

초판 2026년 1월 14일
발행일 2026년 1월 22일

지은이 이재성
펴낸이 박유자

전체 총괄 박상은
편집책임 신영애
편집 강민규, 김민소, 고유리, 지현, 신창화
디자인 글씀(U&J)임재승
마케팅 김민준

펴낸곳 유엔제이(U&J)
출판등록 2007년 3월 7일 제2007-000035호 ⓒ 2023 유엔제이
주소 (07261) 서울시 양천구 목동동로 233-1, 1402호
전화 02-2672 8301   전자우편 sky05020@hanmail.net

값 18,000원

ISBN 979-11-963151-4-6   93320